SINUTHII VITA
BOHAIRICE

CORPUS

SCRIPTORUM CHRISTIANORUM ORIENTALIUM

EDITUM CONSILIO

UNIVERSITATIS CATHOLICAE AMERICAE

ET UNIVERSITATIS CATHOLICAE LOVANIENSIS

Vol. 129

SCRIPTORES COPTICI

TOMUS 16

SINUTHII VITA

BOHAIRICE

INTEPRETATUS EST

† HERMANN WIESMANN

LOVANII

IN AEDIBUS PEETERS

1951

© Corpus Scriptorum Christianorum Orientalium
ISBN: 90-429-0163-2

Éditions Peeters, Bondgenotenlaan 153, B-3000 Leuven, Belgium.

AVERTISSEMENT

Le R.P. Hermann Wiesmann, S.J. (1871-1948) avait assumé
la tâche, assez ingrate, de compléter, par des traductions,
l'œuvre qu'un autre, J. Leipoldt, avait commencée, il y a
près d'un demi-siècle, en publiant le texte copte de la Vie de
Chenoute et de certaines œuvres de ce maître d'ascèse égyptien
(CSCO, 41 / Copt.1, en 1906 ; 42 / Copt.2, en 1908 ; 73 / Copt.5,
en 1913). Ainsi avait-il donné à notre Collection la traduction
du n° 42 en 1931 (CSCO, 96 / *Copt.8*) et celle du n° 73 en 1936
(CSCO, 108 / *Copt.12*). Lorsque la mort l'enleva à ses travaux,
le 14 novembre 1948, le P. Wiesmann laissait une traduction,
déjà très étudiée, du n° 41, la Vie bohaïrique de Chenoute.
Le R.P. Bacht, confrère et collègue du défunt, la communiqua
au secrétariat général du CSCO, en mai 1950, aux fins de
publication.

Mon collègue le professeur L.-Th. Lefort et moi-même avons
été heureux d'accueillir cette précieuse collaboration posthume
et d'apporter à l'achèvement du travail, avec le souci d'en
respecter le caractère, les soins que le P. Wiesmann y aurait
sans aucun doute apportés lui-même. La version du P.
Wiesmann a été revue sur le copte, en ordre principal par
Mgr L.-Th. Lefort ; les notes et références ont été complétées,
les index nécessaires établis. C'est ici que l'on trouvera
notamment les *Indices in textum copticum* qui, normalement,
auraient dû paraître en appendice au n° 41 de la Collection.

René Draguet.

SINUTHII ARCHIMANDRITAE VITA

A BESA DISCIPULO EIUS SCRIPTA BOHAIRICE

1. NONNULLA E FACINORIBUS ET MIRACULIS, QUAE DEUS
PER SANCTUM PATREM NOSTRUM PROPHETAM APA SINU-
5 THIUM PRESBYTERUM ET ARCHIMANDRITAM PATRAVIT,
QUAE SANCTUS APA BESA, DISCIPULUS EIUS, ENARRAVIT
AD GLORIAM DEI ET IN EMOLUMENTUM OMNIUM QUI EA
AUDITIONE ACCIPERENT, UT HONOREM DEO TRIBUERENT
OMNI TEMPORE, MAXIME VERO DIE COMMEMORATIONIS EIUS
10 SANCTAE, QUI EST DIES SEPTIMUS MENSIS EPIPHI. IN
PACE DEI. AMEN.

2. De facinoribus et miraculis, quae Deus per beatum et
sanctum patrem nostrum apa Sinuthium effecit, narrare
incipiam; ea quae ego, Besa, eius discipulus oculis meis vidi,
15 et cetera quoque quae sanctus pater noster apa Sinuthius
suo ore, in quo nihil mendacii fuit, mihi tradidit : haec iam
sunt e quibus vobis pauca proferam. Age, patefaciamus iam
vobis facinora et miracula quae Deus per patrem meum senem
perfecit. Ecce enim multos dies vexatus et turbatus sum,
20 veritus ad opera miraculosa patris mei Sinuthii aggredi, —
infirmus et dicendi imperitus sum —, ne forte mari aquarum
submerger, utpote cum natare nesciam. Equidem enim debeo
magnum debitum, sed creditor * in rebus suis non exhibet * p. 8
molestiam. Pater enim meus, apa Sinuthius bonae memoriae
25 vir, cuius quidem hodie diem festum agimus, dignus est ut
prodantur praeclara eius opera, et asceses, et vitae instituta,
et virtutes admirabiles, et magna signa incredibilia, quae per
ipsum facta sunt, signis sanctorum prophetarum et apostolorum
Domini similia.
30 3. Erat autem vicus nomine Šenalolet in territorio urbis
Šmin; ibi patris nostri benedicti habitabant iusti parentes.
Pater autem apa Sinuthii agricola fuit cui oves erant nonnul-
lae; quas, ut in campo pasceret, cuidam ovium pastori commi-

sit. Pastor autem patri apa Sinuthii: « Da mihi, inquit, Sinuthium puerum ut mecum ovibus prospiciat, pro quo aliquid mer-
cedis meae tibi donabo. » Tum Sinuthius puerulus, gratia Dei,
quae in ipso erat, crescere coeperat et venustate paulatim auge-
batur. Dixit autem Sinuthii pueruli mater pastori ovium : 5
« Ecce, inquit, filium meum tibi tradam, verum singulis diebus
vesperi mihi eum remitte; unicus enim mihi filius est, quocum
die noctuque Deo fruor. » Ac pastor ovium eis: « Cotidie [1],
inquit, priusquam sol occiderit, eum ad vos dimittam. » Tum
vero pastor Sinuthium puerum abduxit, quocum oves pavit. Et 10
pastor ovium, cum vesperasceret, cotidie Sinuthium puerum
parentibus ad vicum remittebat.

* p. 9   4. * Ille vero apa Sinuthius in canalem aquarum haud
longe a vico distantem descendebat, — erat autem his diebus
mensis tybi, — et ita extensis manibus precabatur in aquam 15
mersus usque ad collum. Cotidie igitur luce orta filioli mater
paterque cum pastore altercabantur : « Quare filium nostrum,
aiebant, vesperi non remittis? Metuimus enim ne quid adversi
ei accidat. » Tum pastor parentibus eius respondebat : « Profecto singulis diebus eum vobis remitto. » Quodam autem die 20
pastor ovium Sinuthium puerulum secutus est, donec ad
canalem aquarum pervenit. Sycomorus autem canali aquarum
apposita erat. Tum puer in aquam descendit et manibus [2] ad
caelum extensis Deo supplicavit. Pastor vero pone eum secutus
se abscondit sub sycomoro ut videret quid puerulus esset 25
facturus. Pastor autem testatus est : « Decem pueruli digitos
vidi lucernis decem ardentibus similes; itaque me retro subduxi
et ad oves meas me contuli. Ubi primum illuxit, inquit, advenit
pater eius et denuo mecum contendit : Cur filium meum, ait,
vesperi mihi non remisisti? Cui ego : Aufer, inquam, tibi 30
filium tuum! Etenim indignus sum ut maneat apud me. Et
abduxit pater eum in domum suam. » En ea quae pastor
ovium narravit et nobis testatus est.

* p. 10   5. Decimo autem die postquam haec facta sunt, * pater
eum ad sanctum apa Pgol deduxit, ut ab eo benedictionem 35

---

[1] Lege ⲙ̄ⲙⲏⲛⲓ. — [2] Lege ⲛ̄ⲛⲉϥϫⲓⲝ.

acciperet. Dum adhuc in eo viae loco qui milliario distat a
sede sancti apa Pǧol versabantur — e quadam dispositione
divina apud hunc commemorabantur multi urbis Šmin principes quos animabus salutaria docebat —, sanctus apa Pǧol
5 viris adstantibus dixit : « Surgite, obviam eamus archimandritae. » Surrexit autem sanctus apa Pǧol cum viris adstantibus, et foras prodierunt. Et apa Pǧol, ubi ad apa Sinuthium
pervenit, apprehensam apa Sinuthii manum in caput suum
imposuit : « Benedic mihi, inquit, pater mi archimandrita. »
10 Et cum locum ingressi essent, consederunt.

6. Tunc apud apa Pǧol sedebat vir ab impuro spiritu
obsessus; puerulus ubi spiritum in viro esse vidit, porrecta
manu parvum tintinnabulum[1] arripuit et daemonem, qui in
viro erat, percutere coepit. Exclamavit spiritus malus : « Rece-
15 dam, inquit, a conspectu tuo, o Sinuthi! Nam ex quo tempore
te conspexi, ignis me devoravit. » Et extemplo spiritus e viro
secessit; hic convaluit Deoque optimo laudem tribuit. Apa
Pǧol Sinuthio puerulo : « Expecta, fili mi, inquit, dum tempus
veniat. »

20 7. Exinde autem etiam evenit, ut apa Pǧol cum patre apa
Sinuthii colloqueretur : « Puerulus, inquit, hac hebdomade
apud me maneat, tum * eum repetito »; propterea quod mater * p. 11
apa Sinuthii soror erat apa Pǧol ex eodem patre eademque
matre genita, illum apud eum reliquit. — 8. Eodem autem die,
25 ubi advesperavit, apa Pǧol alïquo solus dormitum ivit; ipse
vero Sinuthius puerulus alio se solus contulit. Apa autem
Pǧol oculis ad caelum sublatis angelum Domini vidit custodire
Sinuthium puerulum quiescentem; dixitque angelus ad apa
Pǧol : « Cum mane surrexeris, vestem quam sub capite tuo
30 inveneris, Sinuthio puerulo induito; vestis enim Eliae Thes-
bitae est, quam ut ei indueres Dominus Jesus tibi misit. Verum
enim vero vir iustus erit atque egregius; nemo usquam terrarum, qui ei similis sit, post eum exsistet; monasterium aedifi-
cabit atque omnibus, qui sedem eius ingredientur, solatio et
35 praesidio erit, aedis sacra eius per hominum aetates permane-

---

[1] ⲕⲉⲗⲉⲗⲓ ; vide CRUM, *Copt. Dict.*, p. 103 b s.v. ⲕⲁⲗⲉⲗⲉ : « sonorous
wooden board to assemble congregation ».

bit. » Apa autem Pgŏl cum mane surrexisset, veste quam sub
capite suo invenerat sumpta apa Sinuthium arcessitum induit
et monachum factum apud se retinuit.

9. Paucis autem diebus post, sanctus apa Pgŏl et Sinuthius
adulescentulus, cum una simul habitarent, exierunt una ambu-   5
lantes, quibuscum ibat etiam apa Pšoi montis Psoù incola;
hic quoque erat vir sanctus qui quae Dei sunt sectabatur.
Dum hi tres, — apa Pgŏl et apa Sinuthius et apa Pšoi —,
* p. 12   una procedebant, * vox de caelo ad ipsos facta est : « Hodie
Sinuthius orbis universi archimandrita constitutus est. »   10
Interrogavit apa Pgŏl : « Mi pater Pšoi, audistine et tu hanc
vocem nunc e caelo delapsam? » Apa Pšoi ad apa Pgŏl : « Sane
quidem », inquit. Et postquam quid audivissent inter eos
convenit, apa Pgŏl ad apa Pšoi : « Interrogemus ipsum Sinuthium puerulum. » Et quaesierunt ab eo : « Audistine hanc   15
vocem nunc e caelo delapsam? » Ipse vero : « Sane quidem »,
inquit. Apa Pgŏl eum interrogavit : « Quidnam audivisti? »
Sine ulla fraude apa Sinuthius ei respondit : « Audivi, inquit,
hodie Sinuthius orbis universi archimandrita constitutus est. »
De quo apa Pgŏl et apa Pšoi vehementer mirati laudem Deo   20
tribuebant : « Profecto, inquiunt, omnino perfectus fiet. »

10. Sanctus autem apa Sinuthius, cum vestem angelicam
sibi e caelo emissam accepisset, vitae anachoretarum se dedit,
magnis multisque laboribus, crebris vigiliis nocturnis, ieiuniis
innumerabilibus. Etenim singulis diebus a cibo abstinebat   25
usque ad solis occasum vespere et praeterea non edebat ad
satietatem; ceterum cibus eius erat panis cum sale; qua vivendi
ratione corpus eius aruit et cutis valde extenuata ossibus
adhaesit. Totum vitae genus et propositum eius Eliae Thes-
bitae, Israelis aurigae[1], persimile erat.   30

11. Ita insuper, cum omni suo tempore operibus suis inten-
tus esset omnium magister exstitit, non solum adulescentorum
* p. 13   sed etiam * seniorum. In recitatione Scripturarum pertinax
Christum prae se gerebat, ita ut eius fama et doctrinae in ore
uniuscuiusque dulces fierent, instar mellis, animis eorum qui   35
vitam aeternam amare cupiunt. Multas habebat enarrationes

---

[1] 4 *Reg.*, II, 12.

et orationes praeceptorum sanctorum plenas. Leges monachis statuit atque epistulas sale conditas[1] et hominum animabus timorem afferentes (scripsit). Quibus de rebus omnibus ex ore suo, in quo fraus non est[2], dictitabat : « Nullum verbum per me ipsum protuli quod Christus linguae meae non subministraverit. »

12. Vitam perfectis vitae monasticae operibus exornabat, magnis ascesibus, multisque exercitiis. Duodecies enim in die preces fundebat, cum vicies quater simul humi se prosterneret[3]. Noctu autem, usque ad lucis ortum, haudquaquam somno se dabat; postea, corporis causa, ne cito consumeretur, paululum quietis capiebat. Saepe enim a sabbato usque ad sabbatum cibo abstinebat. Praeterea quadraginta dies paschatis sancti pane abstinens transigebat; sed cibus eius erat olus esculentum et granum madefactum, ita ut hac ratione caro in eo omnino extenuaretur. Fletus ei melle dulcior fuit, ita ut revera oculi eius essent concavi, foraminum instar in parietibus, et ob nimium fluxum lacrimarum perpetuo, * aquae instar, ex oculis manantium nigerrimi facti essent. Deus autem omni tempore ei aderat.

* p. 14

13. Cum autem in monasterio suo esset, multa etiam peccata, quae in toto orbe terrarum committebantur, cernebat; ad se venientium cogitata et facta omnia cognoscebat. Itaque pro his omnibus precabatur, ut salvarentur et in tribunali Christi misericordiam impetrarent.

14. Iam vero aliquando accidit, ut vir quidam, civis vici nomine Psenhout in provincia urbis Pšoi, ad patrem meum prophetam apa Sinuthium veniret. Hic igitur magno ac multiplici animi dolore affectus accessit introque misit ad patrem meum : « Velim, inquit, a te, o mi pater sancte, benedictionem accipere. Fortasse sacris tuis precibus misericordia Dei me continget, ut Deus peccata mea mihi condonet; nimis enim multa sunt. » Haec omnia a viro recitata sancto prophetae apa Sinuthio significata sunt. Pater autem meus collocutori respondit : « Vade, inquit, dic viro qui advenit : Si ad ea quae

---

1 Cfr *Col.*, IV, 6. — 2 *Apoc.*, XIV, 5. — 3 ⲉϥϯ ⲛⲕ̅ⲁ̅ ⲙⲙⲉⲧⲁⲛⲟⲓⲁ, scilicet : 24 flexiones genuum.

tibi praecipiam mihi oboedies, me conspicies; si mihi non
obtemperaveris, vultum meum non intuebere. » Respondit vir :
« Ad omnia quae mihi imperabis, mi domine pater, tibi obtem-
perabo. » Sanctus autem apa Sinuthius : « Illum mihi, inquit [1],
introduc. » — 15. Ingressus autem ad patrem meum humi se
prostravit ut eum salutaret. Dixit ei pater meus apa Sinuthius :
« Expone culpam tuam coram omnibus, ut ad eum eas locum
ad quem iturus es. » Cui ille : « Factum est, inquit, aliquo
* p. 15 die ut sedente me prope aream vici mei * vir quidam prae-
teriret e cuius collo marsupium suspensum erat; lorum [2] vidi in
collo eius prominens [3]. Vir iumento vehebatur, calcaribus illud
excitans [4]. Ego vero, arrepto gladio meo, secutus a tergo eum
occidi. Illico marsupium e collo pendens scrutatus sum, magno
aureorum me numero potiturum ratus, ut arreptis per multos
dies fruerer. Nummulum [5] in eo deprehendi unum. Deinde
ubi in terra effossa eum sepelivi, ad te, mi pater sancte, huc
veni. Proinde mihi nunc indica quid me facere cupias, ut mei
Dominus misereatur peccataque mea mihi ignoscat. » Pater
autem meus iustus et propheta apa Sinuthius ei respondit :
« Noli hoc loco morari, sed cito surge, urbem Šmin ingressus
ducem invenies flumine ad meridiem evectum et clamoribus
plaudentium exceptum; cui latrones civem in urbe Šmin
praestantem depeculati tradentur; vehementer iis dux succen-
sebit. Tu quoque vade, et consiste inter latrones qui dicent
duci : In nostro numero est. Interrogabit te dux : Verumne
est? Dicito ei : Verum est. Ita te cum illis interficiet; tum
in vitam Dei aeternam intrabis. » — 16. Et statim vir profectus est et fecit quemadmodum sanctus ei indicaverat; et dux
una cum latronibus ei quoque caput abscidit. Itaque misericordia Dei ei contigit, quemadmodum pater meus nobis
significaverat.

17. Praeterea autem aliquando factum est, ut sanctus
* p. 16 Cyrillus patrem meum apa Sinuthium prophetam et * apa
Victorem archimandritam impii istius Nestorii causa arces-

---

[1] Lege ⲡⲉⲭⲁϥ. — [2] Lege ⲗⲱⲣⲟⲥ (lorum). — [3] Lege ⲉϥⲟⲩⲟⲛ<ⲅ>
ⲉⲃⲟⲗ. — [4] Lege ⲉϥϭⲱⲣⲉ<ⲙ> ⲙ̄ⲙⲟϥ — [5] ⲑⲉⲣⲙⲏⲥⲓ = tremissis
(SPIEGELBERG, Handw., p. 151); tremissis est tertia pars assis.

seret. Postquam metropolim ingressi sunt, pater noster iustus
apa Sinuthius, cum in eo esset ut palatium ingrederetur,
granum tritici proiectum invenit sublatumque in sacculo vesti-
menti pellicei usque eo reposuit quoad in monasterium suum
5 reverteretur. — 18. Accidit autem, cum rex eos dimisisset,
ut sedes suas repeterent; tum ubi ad navem cum sanctis
patribus nostris abbate Cyrillo archiepiscopo et apa Victore
archimandrita pater meus apa Sinuthius venit, ipsi ministri
inferiores dixerunt : « Cum archiepiscopo ascendere non pote-
10 ris »; eum enim non cognoscebant. Pater autem meus iis :
« Si non (licet), volontas Domini fiat! » Deinde ipse, cum
discipulo suo comitante, aliquantulum recessit et coepit suppli-
care : « Mi Domine Jesu Christe, inquit, quomodo ad monasterium meum me deferes? » Dum haec secum reputat, ecce
15 nubes lucida e caelo delapsa eum discipulumque eius sustulit,
in altum rapuit et cum eo avolavit. — 19. Cum autem in
altum mare pervenissent, abbas Cyrillus archiepiscopus sublatis oculis patrem meum apa Sinuthium cum discipulo eius in
media nube conspexit et exclamavit : « Benedic nobis, sancte
20 pater noster, nove Elia! » Respondit ei apa Sinuthius : « Memor
mei esto, o mi pater sancte! » Itaque nubes cum eo avolavit et
eum ad monasterium eius pervexit. — 20. Porro tunc tempus
aestivum erat; fratribus frumentum molentibus, ipse granum
tritici, quod e palatio regis reversus attulerat sumpsit lapi-
25 dique molari subiecit; et a Domino magna e lapide molari
copia ita facta est * ut excipi non posset. Fratres igitur   * p. 17
murmuraverunt, propterea quod sc defatigabant nec eam exci-
pere poterant. Sanctus autem pater meus apa Sinuthius ad
lapidem molarem accessit et imposito baculo palmeo : « Dico
30 tibi, inquit, o lapis molaris iamiam [1] desine! » Et desivit extemplo ad vocem patris mei prophetae iusti apa Sinuthii revera
viri Dei, cuius opera fortissima sunt sicut priscorum prophetarum et apostolorum. Innumerabilia sunt facinora et miracula
quae Spiritus Sancti gratia in ipso semper habitantis perpe-
35 travit. — 21. Ceterum sanctus archiepiscopus Cyrillus, ubi
in civitatem suam rediit, patrem meum apa Sinuthium arces-

---

1 Nihil deest in textu : ⲭⲉ = sah. ϭⲉ.

sivit et interrogavit : « Quot dies nubi insidens egisti, dum
ad monasterium tuum pervenisti? » Respondit pater meus apa
Sinuthius archiepiscopo : « Indulge mihi, mi pater sancte, re
huiusmodi indignus sum. » Abbas Cyrillus ei : « Obtestor te,
inquit, per preces sanctorum ut quid tibi acciderit mihi indi- 5
ces. » Modeste autem dixit ei pater meus : « Quoniam me
obtestaris, eo die quo inter nos, tu e navi et ego e nube, collo-
cuti sumus, ad monasterium meum veni vesperique eiusdem
diei cum fratribus synaxim habui. » In admirationem protinus
coniecti archiepiscopus Cyrillus et apa Victor archimandrita 10
laudem tribuerunt Deo qui solus miracula in sanctis suis
* p. 18 efficit voluntati eius obtemperantibus * fiduciamque in eo
collocantibus. Exinde ab archiepiscopo discessit et monasterium
suum repetiit.

22. Iamvero quodam die accidit ut pater noster apa Sinu- 15
thius sub crepedine saxi sederet ipse et Dominus noster Jesus
Christus. Tunc pater meus propheta ei : « Lembum, Domine
mi, inquit, velim videre hoc loco navigantem. » Cui Dominus:
« Animo tuo, inquit, o mi lectissime Sinuthi, dolorem non
afferam »; discessitque ab eo. — 23. Paulo autem post locus, 20
iussu Dei universi creatoris, aquis repletus est; et evenit ut
lembus per aquas profundas, quae exstiterant, veheretur. Ipse
Dominus personam induerat nautarum praefecti, et angeli
quoque partes aliorum nautarum agebant. Navigavit usque
dum pervenit ad sanctum apa Sinuthium in precibus occu- 25
patum. Dixitque patri meo Sinuthio Dominus : « Arripe
retinaculum. » Hic vero manu porrecta retinaculum arripuit,
nec alligare potuit. Tum ad saxi imminentis crepidinem
accessit, et apprehendit eam digito et pollice. Statim, cerae
instar coram igne, in momento temporis perforata est. Funem 30
lapidi inseruit; ei adhaesit (funis). Perforatus est ille lapis
usque ad hunc diem in signum perpetuum futuris saeculorum
aetatibus.

24. Aliquando autem cum in puteo laborarent, — effodie-
batur in monasterio a fratribus operantibus —, tum diabolus 35
iis insidias struxit; puteum supra operarios in eo occupatos
evertere moliebatur. Unus autem e fratribus, qui operi intererant, aufugit patremque nostrum apa Sinuthium certiorem

fecit. Qui surrexit et arrepto baculo palmeo descendit supra
puteum, protendit * baculum et muro putei infixit. Statimque   * p. 19
radices egit, flores ramosque palmeos emisit, quarum fructu
operarii vescebantur. Puteus autem immotus stetit usque ad
5   diem hodiernum.

25. Accidit autem etiam quadam die, cum Salvator noster
cum patre meo apa Sinuthio confabulans sederet, ut ego Besa
discipulus eius conveniendi causa intrarem. Illico Salvator
recessit. Ingressus autem benedictionem a patre accepi; deinde
10   ex eo quaesivi : « Quis est, mi pater sancte, qui tecum loquebatur, et ubi intro veni, recessit ? » Respondit mihi pater meus
propheta : « Dominus Iesus Christus est qui modo apud me
fuit mysteria mihi aperiens. » Dixi ei : « Ego quoque eum
videre et benedictionem ab eo accipere cupiebam. » Pater meus
15   mihi : « Videre eum tu non poteris, inquit, quoniam tu es
puer parvus. » Ei dixi : « Peccator ego sum, mi pater sancte ! »
Dixit mihi : « Minime quidem, sed animi es pusilli. » Rursus
ego ei plorans dixi : « Rogo te, mi pater, misericordiam mihi
tribue, ut ego quoque dignus fiam, qui eum aspiciam. » Res-
20   pondit mihi pater meus : « Si horam diei crastini sextam
expectaveris, intrato, me cum eo sedentem invenies; inspecta,
cave quicquam loquaris. » — 26. Insequenti autem die, secundum mandatum patris mei, accessi et ex more anulo pulsavi,
ut ingressus benedictionem acciperem. Illico Dominus secessit.
25   Ego autem ploravi : « Prorsus, inquam, indignus sum, qui
Dominum carne indutus videam ! » Pater autem meus mihi
dixit : « Placabit * animum tuum, mi fili Besa, efficietque   * p. 20
ut vocem eius audias dulcem. » Et praeter dignitatem meam
semel audivi eum cum patre meo loquentem et grato in eum
30   animo fui diebus vitae meae omnibus.

27. Aliquando autem cum magna inopia et fames esse
coepisset, incolae provinciae Šmin et provinciae Psoi ad
patrem meum convenerunt ut ab eo alerentur. Pater autem
meus cibum eis praebuit, quoad panes defecerunt. Frater
35   igitur qui apothecae panariae praeerat ad patrem meum apa
Sinuthium venit : « Ubertas panum, mi pater, inquit, fuit !
Quid facies turbis ad nos congregatis et fratribus ? » Respondit
pater meus dicens mihi et dispensatori panum : « Ite, sumite

reliquos panes et frustula, et humefacta turbis date mandu-
canda. » — 28. Nos autem, secundum mandatum eius profecti,
sumpsimus illa, neque quicquam reliqui fecimus. Reversi nun-
tiavimus ei : « Nihil reliqui fecimus. » Respondit nobis :
« Supplicate Deo, benedictionem suam largietur ut omnes cibum
capiatis. » Nos vero imperium recusare noluimus, sed disces-
simus. Ubi hora appropinquavit, properavimus ut portam
apothecae panariae aperiremus : super nos, in ipso aditu
apothecae stantes, corruit ubertas divina; itaque turbae cibum
sumpserunt et saturatae Deum patremque nostrum collaudaverunt.

29. Semel autem factum est ut pistores ob cineres evehendos
murmurarent. Conscius pater noster interrogavit eos : « Quot
sunt ibi furni? » Responderunt ei : « Undecim sunt. » Dixit
iis pater meus : * « Ite, omnes cineres quos ex decem furnis
deprompseritis in eum qui medius est conicite; qui Deo et
sanctorum precibus fore ut numquam compleatur confido. »
Et fecerunt secundum verbum eius veridicum : omnes cineres,
quos e decem furnis depromebant, in illum coniciebant, nec
usque ad hodiernum diem completus est.

30. Eo autem tempore quo ecclesia nondum exstructa erat
Dominus noster Iesus Christus apa Sinuthio apparuit : « Agedum, inquit, ecclesiam et fundamentum monasterii amplum
dimetare, et sanctuarium meo tuoque nomine aedifica. » Respondit pater meus apa Sinuthius Domino : « Ubi, Domine
mi, inveniam quod expendam in sanctuarium aedificandum? »
Dixit ei Salvator : « Agedum, proficiscere ad hanc domum in
deserto; quod in via inveneris tolle tibi et expende ad sanctuarium (aedificandum). Forsan artificium diabolicum reputa-
bis? Minime quidem; immo vero haec est ecclesiae et monasterii,
secundum meam voluntatem, aedificandi ratio. Ego Dominus
dixi. » — 31. Tum igitur pater noster profectus desertumque
interius ingressus, per totam ibi noctem precabatur. Sed cum
egressus de deserto mane rediret, lagunculam (?) palmum
fere longam invenit et, porrecta manu, sustulit domumque
venit. — 32. Deinde Dominus noster Iesus ad patrem nostrum
venit, una processerunt et fundamenta sanctuarii ampla dime-
tati sunt. Itaque pater meus operarios et * artifices et

Margin left: * p. 21

Margin left: * p. 22

lapidarios [1] et fabros constituit. Qui moliti ecclesiam perfecerunt, Deo adiuvante et in omnibus operibus quidquid indigebant iis subministrante.

33. Contigit autem etiam aliquando ut vir quidam ad patrem
5 nostrum prophetam veniret. Is igitur, civis urbis Pemğe, centum viginti aureos secum habebat. Alter quidam eum socius comitabatur. Dixit ille socio suo : « Velim munusculum in sanctuarium apa Sinuthii dare, ut stipis nomine pro salute mea spargantur. Ceterum eos non tradam, priusquam cogno-
10 vero utrum magnus ille vir eos stipis nomine largiturus sit necne. — 34. Aureos fratri qui eum comitabatur commisit et vestimentis conditione sua inferioribus indutus domum ingressus venit ad patrem meum prophetam apa Sinuthium ; et ei ita dixit : « Rogo te, mi pater sancte, miserere mei par-
15 vamque mihi porrige stipem viginti admodum aureorum, ut eos creditori reddam ; sin aliter, eiciet me e domo mea quam mihi adimet. » Respondit ei pater meus : « Hic non est locus iocandi, fili mi. Fortasse alios viginti aureos appetis ut eos centum viginti (aureis) quos adveniens attulisti addas, eo
20 consilio ut summam quamdam perficias? » Tunc advocans fratrem monachum pater meus ei dixit : « Egredere per hanc viam ad agrum ; virum humi sedentem invenies, capillos capitis pectentem et manu urnam aquae tenentem ; dic ei! Socius tuus dixit: quemadmodum tibi dixi, morare hic dum magnum
25 virum utrum stipem eos largiturus sit necne exploraverim, nunc (dico) surge et veni. » — 35. Et frater monachus, ubi in agrum exiit sicut * pater meus ei praeceperat, virum reppe- * p. 23
rit et secundum verba a patre meo recitata cum illo locutus est. Ille autem vir qui patrem meum adierat substitit magno-
30 pere miratus; tum exclamavit : « Vere, inquit, hodie cognovi virum prophetam existere in hac domo, quemadmodum oculis meis vidi. » Deinde aureos patri meo prophetae apa Sinuthio tradidit ; et factis precibus ambo ab eo in pace discesserunt Deo sanctisque eius laudem tribuentes.
35 36. Factum est autem quodam die ut vir e regione externa oriundus adveniret; is igitur ad patrem nostrum venit [2]; in

---

[1] ⲗⲉⲝⲟⲥ (cfr LIDELL-SCOTT-JONES, s.v. λαξικά). — 2 *is igitur* ......
venit, aut est delendum, aut transferendum infra post *audivisset.*

vico cui nomen est Comentius habitabat. Cum de miraculis
patris nostri iusti apa Sinuthii audivisset, venit ut ab eo
benedictionem acciperet. Respondit ei pater meus ita dicens :
« Quomodo tibi benedicam, cum peccatum magnum et gravissi-
mum commiseris ? » Respondit ille patri meo apa Sinuthio :   5
« Nescio, inquit, peccatum a me commissum. Ego enim chris-
tianus sum et ab infantia mea in Deum caelestem credo. »
Dixit ei pater meus : « Nonne meministi quo die comedisti,
potavisti et recubasti in domo tua ? Dum autem recubabas,
diabolus inimicus te decepit : surrexisti, gladium tuum sump-   10
sisti, existi, feminam invenisti, ventrem eius gladio tuo
rupisti. » Respondit ille : « Revera, inquit, mi pater sancte,
verum est hoc dictum ; daturne venia homini peccatori, dum-
modo paeniteat ? » Respondit ei pater meus propheta : « Certe,
inquit, est paenitentia ; si eam castigationem qua te afficiam   15
* p. 24 sustinueris, * Deus tibi ignoscet, quandoquidem Deus non tam
mortem peccatoris vult, quam ut a malis viis suis reversus
recte agat et vivat[1]. » — 37. Vir igitur simulatque haec
verba a patre nostro audivit, capillos capitis praecidit et sanctum schema induit ; praeclare certans egregius fuit monachus   20
usque ad diem sui exitus.

38. Tertio autem die postquam monachus factus est, urceum
aquae implevit. Pater meus cum eo ad desertum interius profectus est, quod tredecim milliariis a sede distat ; et collocavit
eum in spelunca saxea quae erat cava dimensione staturae eius   25
undique (distenta). Ianua autem speluncae, fenestrae instar,
supra eum aperta erat. — 39. Pater autem meus apa Sinuthius ad hunc singulis hebdomadibus adibat et eum invisebat
ut sabbato et die dominico ei benediceret victumque hebdomadis afferret : urceolum aquae et panicellum. — 40. Anno   30
autem postquam monachus ille factus est peracto, pater meus
propheta ad eum intravit et dixit : « Quid tibi accidit ? fac ut
sciam. » Respondit ei vir : « Accidit mihi, inquit, proxime
elapsa nocte prima luce, ut corpus meum viderem misere
tremuisse ita ut omnes nervos e corpore meo dicerem extractos,   35
et adeo turbatus ut brevi me moriturum putarem. Deinde ecce

---

1 *Ezech.*, XXXIII, 11.

species quaedam mirifice foetens sicut cadaveris putredo e
corpore meo exiit, * vaporis instar fumosi, in fissuram saxi   * p. 25
descendit, excessit, evanuit. Ego vero tamdiu torpebam quoad
introrsum inclamasti.» Respondit ei sanctus propheta apa
5 Sinuthius : « Fidenti animo esto, hodie salus tibi obtigit et
Dominus peccatum tuum condonavit.» Deinde pater meus eum
sibi adiunctum ad monasterium inter fratres deduxit. —
41. Ego vero Besa sancti senis discipulus ad patrem meum
accessi : « Nonne hic est, inquam, vir e regione externa oriun-
10 dus, qui quondam ad nos venit?» Respondit mihi : « Utique.»
Dixi ei : « Ubinam omnibus his diebus erat?» Respondit pater
meus : « Cum bestia mala eum vulnerasset, ad medicum eum
duxi a quo sanatus est; et salus ei obtigit.» Frater igitur
omnibus suis diebus laudem Deo tribuebat.
15   42. Aliquando autem etiam factum est, ut vir quidam civis
urbis Šmin, amplus ditissimusque negotiator, ad eum veniret.
Nimirum latrones domum eius expilaverant, nec quicquam ei
reliquerant. Hic igitur ad patrem meum venit et clamitabat :
« Adiuva me, inquit, mi domine pater! Vastaverunt enim
20 domum meam nec quicquam prorsus mihi reliquerunt.» Respondit ei pater meus Sinuthius : « Age, inquit, proficiscere
versus aquilonem ad urbem Siout; tres viros extra portas
civitatis invenies humi sedentes, quorum unus capillos capitis
sui comit; et dices ei : Dixit Sinuthius : Venito ad me ut
25 tecum de re quadam colloquar; et vir tecum * colloquetur.» * p. 26
— 43. Benedictione igitur accepta, negotiator abiit et versus
aquilonem profectus est ad urbem Siout; viros extra portam
civitatis repperit humi sedentes, quemadmodum pater meus
ei significaverat, quorum unus capillos capitis sui comebat.
30 Cui negotiator dixit : « Amice! vir Dei apa Sinuthius dixit :
Venito ad me, ut tecum colloquar illudque te doceam.» Respondit ei vir : « Profecto, ecce iamdudum sanctum illum cupio
videre et benedictionem ab eo accipere.» — 44. Tum ambo
simul profecti unaque progressi ad sanctum apa Sinuthium
35 venerunt benedictionemque ab eo acceperunt. Qui dixit eis :
« Considite paulisper et requiescite.» — 45. Deinde pater meus
cum viro arcessito, qui domum negotiatoris expilaverat, locutus
est : « Agedum, inquit, fili mi, vasa quae furtim abstulisti,

huic viro redde ; ego inducam ut nonnulla ex eis tibi concedat. »
Perterritus ille respondit ei : « Ego illa, mi sancte pater, non
abstuli solus. » Pater meus : « Ipse scio, inquit, mi fili. »
Dixit ille patri meo : « Si nulli prorsus homini rem indicaverit,
deducam illum et ei reddam omnia vasa ut erant integra. »   5
— 46. Tum pater meus vocavit negotiatorem et iureiurando
adegit : « Usque ad diem mortis meae rem non patefaciam. »
Ita vir deduxit negotiatorem omniaque, sicut fuerant, vasa
ei reddidit, quemadmodum pater noster apa Sinuthius iusserat.
Negotiator igitur parvam vasorum suorum partem ei concessit,   10
* p. 27 * eumque dimisit. — 47. Deinde rursus ad patrem nostrum
prophetam reversus negotiator benedictionem ab eo accepit.
Dixit ei pater meus apa Sinuthius : « Ecce, fili mi, urbem
Racoti vis petere ; da mihi hanc veniam ut, quam rem advectus
primam offenderis venalem, eam emas mihique afferas ; quod   15
in eam erogaveris, id tibi reddam, cum, Deo adiuvante, ad
me redieris. » — 48. Negotiator autem iter ad Racoti faciens,
cum Chereu pervenisset, ubi primum in terram e nave exiit cuidam viro, qui argenteam benedictionis mensam habebat, occurrit. Hanc ille vir furtim abstulerat et habebat ex aliquo monas-   20
terio patris nostri apa Sinuthii viri fidelis. Negotiator autem, ubi
mensam vidit, in se reputavit : « Si hanc mensam argenteam eme-
ro et magno viro Dei attulero, pudor quidquam ab eo accipere
me prohibebit ; nam misertus est mihi, vasa mea indicavit et
mihi reddenda curavit. Eam non emam, et rem mihi alienam   25
manibus meis non perdam [1]. » — 49. Urbem igitur Racoti
ingressus viro illi mensam portanti iterum occurit, et non emit
eam. Duobus quoque diebus post, viro mensam coram omnibus
gestanti denuo obviam venit, et rursus eam non comparavit.
Mercibus autem suis venditis, negotiator ad flumen exiit, ut   30

---

1 Sensus huius interpretationis me fugit. Tamen contextus est mani-
festus. Etenim ad vasa sua rapta recuperanda, iussu Sinuthii debet
negotiator rem quemdam venalem emere, et Sinuthio tradere. Sed, cum
verecundia prohibeat quominus quid a Sinuthio pro mensa accipiat,
non emit mensam ; quia non vult *suam* pecuniam impendere *alteram*
(i.e. *reliquam*, seu non subreptam a furibus). Itaque ⲁⲗⲗⲟⲧⲣⲓⲟⲛ
(= *reliquum*) mihi videtur sumendum pro ⲁⲗⲗⲟⲓⲟⲛ vel melius
ⲁⲗⲗⲟⲓⲟⲧⲉⲣⲟⲛ. [LEFORT].

navem conscenderet. Rursus vir cum mensa venit, et rursus
eam non comparavit (negotiator). — 50. Aliquis autem de
nautis qui erant in ea navi quam negotiator * conscenderat * p. 28
mensam quatuor aureis datis comparavit. Ipse vero secum cogi-
5 tabat : « Ad apa Sinuthii viri Dei sedem deferam eam. » —
51. Ubi autem ad urbem suam pervenerunt, nauta mensam
sumpsit delatamque ad monasterium patri meo obtulit : « Libet-
ne tibi, inquit, mi pater, emere hanc benedictionis mensam ? »
Pater meus dixit ei : « Utique, sed quantum pro ea solveris
10 fac ut sciam, fili mi. » Nauta dixit : « Octo pro ea solvi
aureos, mi pater. » Respondit ei pater meus Sinuthius : « Minime vero, mi fili ; noli mentiri ; sed quatuor pro ea solvisti
aureos. » Dixit ei nauta : « Sane quidem hos revera pro ea
persolvi ; accipe eam, o mi pater sancte. » Dixit ei pater meus :
15 « Quinque pro ea accipies aureos, mi fili. » Ille vero dixit ei :
« Nihil pro ea accipiam, mi pater ; memento mei, mi pater, in
piis tuis precibus. » Itaque benedictione accepta a patre meo
discessit et Deum laudans domum rediit. — 52. Mense autem
dierum interiecto negotiator, cui pater meus vasa furto ablata
20 reddiderat, ad monasterium venit ; — ille erat cui mandaverat :
quam rem primam offenderis venalem, eam eme mihique
affer ; quique eam non emerat, mensam dico, quam nauta
patri meo comparaverat. — Negotiator patri meo narravit :
« Cum advectus incederem, sacculus auri (plenus) manu mea
25 cecidit, neque scio quo loco exciderit. » Nauta autem, mensae
emptor, ille ipse erat qui sacculum invenerat continentem
sexaginta aureos. Negotiator vero rem nesciebat, sed * cum * p. 29
lacrimis patrem meum obsecrabat : « Misericordia tua mihi
obveniat. » Pater meus apa Sinuthius ei respondit : « Fatali-
30 ter factum est ; huius mundi divitiae similes sunt mulieri
meretrici : hodie in domo tua est, cras vero manus eius alii
oblata est. Nunc igitur, fili mi, aureos amissos cui voluit
Deus tribuit, neque ullo unquam tempore eos iam recuperabis. »
Itaque negotiator cum animi dolore magnoque pudore abiit.
35 53. Ut paucis denique absolvam : magna signa multaque
miracula per patrem nostrum apa Sinuthium prophetam et
vere germanem Spirituque praeditum effecta sunt ; quae dif-
fusa totum orbem terrarum repleverunt, ita ut fama eius

usque ad pios reges perveniret, quibus dictum est : « In
Aegypto australi vir quidam nomine Sinuthius versatur; quidquid nuntiaverit revera evenit. » Et dixit rex : « Sane vir
sanctus est Dei. » — 54. Ita rex Dei amator nequaquam
incuriosus fuit, sed epistulam confecit ad patrem meum pro- 5
phetam apa Sinuthium, in hunc modum conscriptam : « Ego
Theodosius iunior, rex indignus cui Dominus Deus praeter
meritum regnum commisit, ad te scribo, o sancte apa Sinuthi
vere vir Dei! Te, o mi sancte pater, veneror et rogo ut
operam ad nos veniendi impendas, et cum omnibus civitatis 10
meae civibus benedictionis tuae participes fiamus; regnum
* p. 30 enim senatusque totus * sanctum tuum ad nos adventum [1]
expectant. Ne omittas igitur, sancte pater noster, ad nos venire.
Tui enim tuarumque sanctarum doctrinarum cupidi sumus,
secundum ea quae ii, qui ad nos venerunt, nobis narraverunt 15
de gratiis tibi a Deo concessis. Memento nostri in tuis precibus.
Vale in nomine sanctae Trinitatis. » — 55. Epistulam igitur
obsignatam cursori privato, cui nomen est Eudoxius, commisit; alteram ad ducem urbis Antinou scripsit. Cursor igitur
in Aegyptum profectus, postquam ad meridiem venit, urbem 20
Antinou ingressus litteras duci tradidit. Itaque profecti ad
monasterium patris mei sancti apa Sinuthii venerunt et benedictione ab eo accepta sederunt. Deinde cursor litteras regis
prompsit patrique meo apa Sinuthio porrexit. — 56. Hic vero
cum litteras acceptas legere coepisset atque ad hoc pervenisset 25
verbum scriptum : « Propera ad nos venire in metropolim »,
tum magno dolore animi affectus intimisque sensibus anxius
cursori dixit : « Quid est quod rex me velit? Monachus ego
sum, qui in monasterio Dei causa conversor, precans et supplicans ob peccata mea. » Cursor respondit patri meo : « Bene- 30
dictione tua, mi domine pater sancte, frui cupit. » Dixit ei
pater meus : « Fortasse mihi opitulari poteris, nam vir sum
senex. » Respondit ei cursor : « Noli, mi pater sancte rem
impedire; non enim mandatum domini mei regis irritum
* p. 31 facere potero. » Respondit ei pater noster propheta : * « Rece- 35
dite usque dum vos et vestri vobiscum advecti requieveritis

---

[1] ⲡⲁⲣⲣⲏⲥⲓⲁ, ut saepe, pro ⲡⲁⲣⲟⲩⲥⲓⲁ [Lefort].

et de cibis quibus utuntur fratres sumpseritis. » — 57. Biduo
autem in monasterio transacto, cursor patrem meum rogavit :
« Agedum, proficiscamur, mi pater, ne graves in me minas
concites apud dominum meum regem. » Dixit ei pater meus apa
5 Sinuthius : « Nonne mihi opitulari poteris, fili mi, in pace
abire, et dicere regi : Vir senuit et mecum venire non potuit ? »
Dixit ei cursor : « Nisi sponte veneris, sunt hic milites qui
invitum te abducent. » Pater meus propheta dixit ei : « Proinde hodiernum diem usque ad crastinum concede; tum, si
10 Deus voluerit, proficiscemur. » — 58. Benedictione accepta,
cursor et dux totaque eis comitans stipatio usque ad mane
se receperunt. Ubi autem advesperavit sanctus pater noster
apa Sinuthius ad altare se contulit et expansis Deo supplicavit manibus, ut quae facienda essent sibi significaret.
15 Simulatque 'amen' effatus est, en nubes lucida eum arripuit
ablatumque ad metropolim regni in medio palatio eo loco quo
rex erat deposuit; et lux magna facta est in [?] [1] quo rex
recubabat. — 59. Rex autem somno excussus * patrem meum   * p. 32
allocutus est : « Qualis es tu, quia quidem in perturbatione
20 sum magna ? » Respondit ei pater meus apa Sinuthius : « Ego
sum quem arcessivisti, Sinuthius monachus; quid cum pecca-
tore, id est me, habes, ut milites tuos fatiges meque insequan-
tur miserum monachum ? » Dixit ei rex : « Quomodo, mi pater
sancte, huc venisti, et quot dies es in itinere ? » Dixit pater
25 meus regi : « Christus Iesus, in quem credimus, una cum
Patre eius bono sanctoque Spiritu ipse me ad te huc adduxit,
ut tibi in eo quod excogitasti satisfacerem, et ut scires me
vesperi in monasterio, antequam huc ad te venirem, cum
fratribus synaxim habuisse ». Interrogavit eum rex : « Ubi-
30 nam, mi pater sancte, reliquisti cursorem et quos cum eo
miseram milites ? » Respondit pater meus sanctus apa Sinuthius et dixit regi : « In monasterio eos reliqui dormientes. »
Rex cum magna fide dixit : « Ante hunc diem auribus audie-
bam, hodie vero facie ad faciem video miracula tuae sanctae
35 et benedictae paternitatis. » — 60. Rursus ei dixit pater meus :
« Et quid causae est, cur me exciveris ? » Respondit ei rex :

---

1 Lacuna in codice.

« Excivi sanctitatem tuam quoniam ego et domus regia totaque
urbs benedictione tua sancta sacrisque tuis precibus frui
cupimus.» Dixit ei pater meus : « Iesus Christus benedicat
tibi, o rex Dei amator, totique urbi tuae; firmet regnum tuum

* p. 33 sicut regnum patrum tuorum Arcadii et * Honorii; perficiat   5
vos in fide patrum vestrorum confirmatos et servantes praecepta et fidem patrum nostrorum apostolorum! » — 61. Dixit
patri meo rex : « Mane nobiscum aliquot dies, mi pater sancte,
ut te ad satietatem fruamur.» Cui respondit pater meus :
« Opus mihi est abire; da mihi hanc veniam ut epistulam   10
nomine tuo scribas, quam cursori tradam, ne mihi molestiam
exhibere pergat nec me iterum ad te adducere conetur, sed ut
una cum comitibus suis ad te in pace revertatur ». — 62. Tunc
Theodosius rex epistulam scripsit huiusmodi : « Ego Theodosius rex scripsi Eudoxio cursori : Ubi primum has litteras   15
acceperis a patre nostro propheta apa Sinuthio, presbytero et
monacho et archimandrita, qui proxima nocte ad eum locum
in quo cubabam ad me venerat, — quo autem modo Deus
scit, — redire propera nec eum ad nos ducere perstiteris. »
Alia quoque secreta, quae erant pariter inter regem et cur-   20
sorem, ad eum scripsit obsignatamque epistulam anulo suo
patri nostro commisit. Quem amplexus benedictione accepta
in pace dimisit. — 63. Deinde nubes patrem meum iterum
sublatum eadem nocte ad monasterium rettulit; eademque
nocte priusquam luceret, cum fratribus in monasterio habuit   25
synaxim. Neque quisquam animadvertit ad regem eum pro-
fectum esse et in monasterium suum revenisse. — 64. Luce
autem orta, cursor patri meo sancto antistiti dixit : « Age-
* p. 34 dum, sodes, * abeamus, ne magnum mihi inferas delictum
iramque domini mei regis.» Respondit cursori pater meus :   30
« Vide, mi fili, sisne profecturus ad regem eique dicturus :
Senex factus est vir ?» Dixit ei cursor : « Nisi veneris volun-
tarius, invitum te abducam.» — 65. Pater meus, ubi sensit
fore ut vi se abduceret, tum manum vestimento suo inseruit
depromptamque regis epistulam cursori porrexit. Ille vero   35
eam ubi accepit contemplatus regis esse cognovit oculosque in
vultu defixit patris mei sancti apa Sinuthii. Dixit ei pater
meus : « Resolve et lege. » Quam cum legere coepisset et ad

secreta inter eos communia devenisset, a mente discessit. Continuo pater meus signo crucis eum affecit, dum resipisceret; deinde eam totam legit. Cum vero eam perlegisset, statim ad pedes patris mei se prostravit : « Profecto, inquit, mi domine
5 pater, tu es vir dignus cuius pedes terram tangere immundam prohibeantur! » — 66. Et affirmavit ei : « Velim tecum manere et monachus fieri. » Respondit ei pater meus : « Minime quidem, mi fili, sed age, ad regem te confer; te enim expedit, te tuosque milites. » Dixit ei cursor : « Da mihi hanc veniam,
10 mi pater sancte, ut mihi benedicas ore sancto tuo, o discipule fortis et sedes Dei! » Pater autem meus ei benedixit : « Dominus, inquit, Iesus Christus tibi benedicat et eripiat ex insidiis
* diaboli, ut bona in aeternum permanentia tibi in hereditatem * p. 35 obveniant. » — 67. Et ita discessit a patre nostro viamque
15 ad regem iniit. Epistulam autem quam pater noster e sede regia redux attulerat, secum habebat; magno enim solatio ei fuit omni aetatis tempore.

68. Accidit praeterea aliquando, ut cives praecipui urbis Šmin ad eum accederent benedictionis ab eo accipiendae
20 cupidi; quidam etiam insignes monachi e Šiet, claritate praestantes, venerant quaedam eius dicta percipere gestientes. Qui eum interrogaverunt : « Eritne hac aetate, pater sancte, monachus aequalis beato Antonio? » — 69. Quibus respondit pater meus iustus : « Si omnes huius temporis monachi in
25 unum colligantur, Antonium non efficient unum. » De hoc patris nostri prophetae dicto fratres civesque praecipui mirati Deumque collaudantes, benedictione ab eo accepta, discesserunt.

70. Iam vero quodam die accidit, ut pater noster et Dominus noster Iesus colloquentes subsedissent. Tum ipsum, ecce epis-
30 copus urbis Šmin per monasterium transiit; hic urbem Racoti petens ut archiepiscopum officiis prosequeretur, priusquam septentrionem peteret, patrem meum invisere cupivit. Misit igitur ad patrem meum rogavitque eum : « Operae impende veniendi, ut antequam ad septentrionem me conferam parvi
35 huius negotii causa tecum colloquar. » Pater autem meus, apud quem sicut supra dixi sedebat Salvator, respondit ministro :
* « Reversus nuntia ei : dixit : Nunc non vacat. » Reversus * p. 36 igitur minister episcopo secundum illa verba renuntiavit. —

71. Iterum episcopus locutus est cum ministro : « Dic ei : Da mihi hanc veniam ut venias tecumque congrediar. » Senex per fratrem ei respondit : « Dic ei : Nunc non vacat. » Et minister episcopo ita renuntiavit. — 72. Episcopus sui impos ministro dixit : « Dic ei : Nisi veneris, ab Ecclesiae commu- nione repulsus es. » Reversus autem minister patri meo renun- tiavit eo modo quo episcopus significaverat. Pater autem meus leniter suaviterque subridens dixit : « Vide, quid vir iste ex carne et sanguine factus dixerit! et ecce mihi assidet qui cae- lum terramque creavit! Dum cum eo versor, non exibo. » Tunc Salvator patri meo dixit : « O Sinuthi, surge et exi ad epis- copum, ne te ab Ecclesiae communione repellat; sin minus, te (in caelum) non admittam propter foedus quod cum Petro pepigi dicens : Quod ligaveris super terram erit ligatum in caelis, et quod solveris super terram erit solutum in caelis [1]. » Et pater meus, ubi haec verba a Salvatore audivit, surrexit et egressus episcopum salutavit. Finito colloquio, episcopus a patre meo Sinuthio discessit in pace Dei, amen.

73. Accidit autem etiam quodam die, cum pater meus * in monasterio sederet, ut diabolus una cum multis daemonibus patrem meum alloqueretur vehementibus minis et iniuriis. Pater vero meus diabolum simulatque adspexit statim agnovit; extemplo resilivit, eum compressit et apprehensum humi pros- travit et pede conculcavit; et fratribus praesentibus clamavit: « Apprehendite ceteros, hos qui eum secuti sunt. » Isti statim velut fumus evanuerunt.

74. Aliquando autem etiam apa Martyrius (archimandrita) Phbou profecturus Constantinopolim ad regem, cum in regio- nem (?) [2] monasterii pervenisset, dixit : « Volo, priusquam in septentrionem commeem, divertere ad salutandum patrem meum prophetam apa Sinuthium. » Adolescens monachus, Ioannes nomine, notarius senis apa Martyrii respondit cum pertinacia quadam : « Qualis propheta! eamus modo! Profecto

p. 37

---

1 *Matth.*, XVI, 19. — 2 ⲉⲧⲁϥϥⲟⳤ ⲙ̄ⲡⲉⲙⲉⲥ ⲙ̄ⲡⲓⲙⲟⲛⲁⲥⲧⲏⲣⲓⲟⲛ corri- gendum in : ⲉⲧⲁϥϥⲟⳤ ⲙ̄ⲡⲉⲙⲑⲟ ⟨ⲉⲃⲟⲗ⟩ ⲙ̄ⲡⲓⲙⲟⲛⲁⲥⲧⲏⲣⲓⲟⲛ. Cfr *infra*, in textu, p. 60, l. 16 : ⲉⲧⲁϥϥⲟⳤ ⲙ̄ⲡⲉⲙⲑⲟ ⲉⲃⲟⲗ ⲙ̄ⲡⲓ- ⲙⲟⲛⲁⲥⲧⲏⲣⲓⲟⲛ = *cum in conspectu monasterii pervenisset* [LEFORT].

enim nescit quid vesperi manducaverit!» Tamen in terram
exscendit et cum patre suo iter fecit; sed cum ad monasterium
appropinquarent, pater meus surrexit eisque obviam venit.
Tum, mutua salutatione facta, in monasterium eos deduxit;
5 et precati consederunt. — 75. Continuo pater meus propheta
apa Sinuthius dixit ita : « Ubi est Ioannes?» Aspexerunt
autem inter se fratres. Deinde subiecit : « Te dico, te Ioannem
senis apa Martyrii notarium.» Eum arripiens pater meus
* dixit : « Profecto, Ioannes, Sinuthius nescit quid vesperi * p. 38
10 manducaverit! tamen hoc corpus miserum, quod tecum nunc
loquitur, in die iudicii apostolis assedebit et cum iis iudicabit [1];
proin vide et noli diffidere Deo eiusve servis!» Adolescens
vero illico ad pedes patris mei sancti supplex se prostravit :
« Ignosce, inquit, mihi qui peccavi!» Deinde senex apa Mar-
15 tyrius a patre meo discessit laudem tribuens Deo et rei actae
admiratione affectus.

76. Semel autem etiam accidit, ut pater noster propheta
ad regia comitia piorum regum se conferret ob iniurias quas
magistratus egenis inferebant. Ubi autem in urbem introivit,
20 tota civitas propter eius ad ipsos adventum [2] commota est;
et omnes eum adibant tum palatii tum totius civitatis incolae,
benedictionem magna cum fide ab eo accipientes et singuli eum
in domus suas, ut ibi precaretur, arripientes. — 77. Ceterum
igitur, cum quodam die commearet ad petendam domum cuius-
25 dam e viris apud regem honoratis ut in ea precaretur, tem-
pusque quo fratres comites cibum sumebant praeteriisset, tum
fratres murmurabant dicentes : « Hoc modo pater noster nos
pessumdabit, dum paululum aquae bibere cupimus!» Aestatis
enim tempus erat, et qui Constantinopolim frequentaverunt
30 magnos ibi fuisse calores affirmaverunt. Pater vero noster
Sinuthius ea quae sentiebant animo complexus est, et * per * p. 39
viam cum eis etiam procedens manum admovit ad aliquam
portam. — 78. Quam subito sponte patefactam ingressus,
fratres comites vocavit : « Intro venite et comedite.» Et ingres-
35 si triclinium invenerunt stratum et mensam more institutique
monasterii sui dispositam : omnia quae ad coenam ab ipsis

1 Cfr *Matth.*, xix, 28. — 2 Vide *supra*, p. 16, n.

requirebantur una cum pane apposita, et duo adulescentes
monachi cum parvis sextariis stabant parati ad aquam cetera-
que necessaria praebenda. Et dixit fratribus : « Assidite et
bibite. » Cumque cenavissent, surrexerunt et abierunt. — 79.
Interrogaverunt eum : « Quis, pater noster, hoc stravit tricli- 5
nium, aut qui sunt illi duo fratres qui nobis ministrabant ? Profecto enim vix quae nobis necessaria sunt, in monasterio ita
inveniamus. » Ipse vero iis ingenue professus est : « Laudem
tribuite Deo ; qui enim prandium ad Danielem misit in foveam
leonum [1], is quoque nunc vobis hodie hoc triclinium stravit, 10
et fratres qui vobis ministrabant angeli Domini sunt. » Mirabundi autem fratres Deum patremque nostrum collaudaverunt.

80. Iamvero accidit, ut, cum pater noster apud regem sederet, insignis senator a rege valde honoratus veniret ad bené-
dictionem patris mei accipiendam. Qui eum salutavit et acces- 15
sit ut manum eius apprehenderet et oscularetur. Retraxit
pater meus ab eo manum neque praebuit. Rex ei dixit : « Hanc
veniam da, mi pater sancte, ut * huic benedicas ; vir enim est
in palatio totoque senatu insignis. » Offensus vero animoque
contristatus pater meus dixit : « Visne ut manum praebeam 20
viro qui templum Dei inquinat operibus suis abominandis ? »
Tum rex miratus laudem tribuit Deo sanctoque eius prophetae apa Sinuthio.

81. Praeterea pater noster sanctus apa Sinuthius semel
profectus et urbem Šmin ingressus est ut paganum quemdam 25
ob iniurias egenis ab eo illatas reprehenderet, inveniret et
mala minitaretur utpote a Deo in eum irruitura. Quem cum
convenisset, ista ratione increpuit. Hic vero, quippe impius,
digna quae praecideretur manu porrecta in os patris nostri
apa Sinuthii pugnum impegit. — 82. Eodem temporis vestigio 30
quo eum percusserat, ecce quidam vir ad istum impium teten-
dit, — ascenderat in plateas civitatis, terrorem utpote princeps
regius iniciens magnum, — crinibus capitis istius arreptis
pugnoque in os impacto magna comitatus turba per totam
urbem traxit, quoad super flumen eum educeret, deorsumque 35
in aquam deturbavit. Deinde ambo submersi nunquam in con-

*. p. 40

---

[1] Cfr Dan., XIV, 32-38.

spectum redierunt, ita ut quicumque eos vidisset, dictitaret :
« Haec vis quaedam Dei est, quam emisit ad permultas impii
pagani iniurias cito ulciscendas. » Itaque Deum collaudabant
qui per manus electorum eius miracula efficit.

5   83. * Rursus aliquando pater noster sanctus apa Sinuthius   * p. 41
vici Pleuit visendi causa itineri se commisit, ut ibi simulacra
deorum everteret. Quod cum animadvertissent pagani illi
ierunt, in via quae ducit ad vicum foderunt, et magicas secundum libros suos compositiones infoderunt ut itineri impedi-
10 mentum inferrent. — 84. Pater autem noster apa Sinuthius
asinum suum conscendit. Sed cum in via provehi coepisset, quotiescumque asinus ad locum ubi medicamenta defossa erant
pervenerat, subsistebat ungulisque radebat. Extemplo medicamenta comparebant; et pater meus puero mandabat : « Col-
15 lige ea ut ex collo illorum ea suspendas. » Saepenumero puer,
qui eum comitabatur, asinum percutiebat : « Progredere! »
Pater vero meus ei dicebat : « Sine eum, scit enim quid
faciat »; denuoque puero dictitabat : « Tolle vasa manuque
retine dum in vicum introeamus et ex collis illorum ea sus-
20 pendamus. » Ingressum autem eum in vicum pagani viderunt
et vasa magica manibus pueri gestata. Statim aufugerunt et
evanuerunt. Pater vero meus intra aedem ingressus simulacra
alia super alia deturbata comminuit.

       85. Praeterea a parte occidentali fluminis insula erat * vine-   * p. 42
25 tis consita, quae insula Paneheu appellabatur, sita in conspectu
urbis Šmin. Horum autem vinetorum domini erant pagani
qui singulis annis vinorum insulae putridorum agricolis (emp-
tionem) imponebant, et quod ipsorum non erat per vim ab iis
exigebant. Agricolae autem illi surrexerunt, ad monasterium
30 venerunt et sanctum patrem meum prophetam apa Sinuthium
poposcerunt eique significaverunt quas illi sibi iniurias inferrent quibusque in angustiis versarentur. Pater autem meus
propheta iis respondit : « Agendum, abite, iudicabit de vobis
Deus. » — 86. Surrexit de nocte pater noster propheta apa
35 Sinuthius et in illam traiecit insulam ex aquis eminentem et
vinetis consitam. Ictu parvi baculi palmei, quem manu gerebat,
insulae terram percussit dicens: « Dico tibi, o insula Paneheu,
transfer te in medium flumen et submergere in profundum, ut

egenos propter te vexare cessent.» Continuo insula cum vinetis
casisque promota in medium flumen transiit et, priusquam
lux orta est, ab aquis coopertae sunt, actuariaeque super
eas navigaverunt. Ita nomen Dei per patrem nostrum sanctum
ac veracem apa Sinuthium illustratum est.

87. Praeterea autem factum est aliquando, ut dies festus,
qui patrum nostrorum dies erat, in monasterio ageretur. Non-
nulli de clericis et cantoribus monasterium ingressi ad patrem
* p. 43 nostrum apa Sinuthium accesserunt et * paulum vini ab eo
petiverunt. Tum quod desiderabant iis concessit. Deinde alia
ab eo postulaverunt, et dedit illis gavisus. Similiter etiam
denuo ab eo flagitaverunt insatiabiles, et rursus tertio iis
dedit. Qui assidebant eius benignitatem mirati dixerunt :
« Si rogare te perstent, perstabisne iis dare? » Respondit
iis : « Etiam, sed bibere non pergent nisi ea quae hic sunt,
quoniam spem alterius vitae non habent [1]. »

88. Fuit autem etiam aliquando vir paganus, cui nomen erat
Gesius. Hic maxime impius erat et Christo maledicebat probris
in eum pro sua stultitia et nequitia pessima iactatis. Pater
vero noster iustus, ubi maledictiones eius rescivit, eum exse-
cratus est : « Lingua eius, inquit, apud inferos ad pollicem
pedis eius alligabitur. » Et subiit mortuus hanc conditionem ;
testatus est nobis pater noster : « Conspexi eum lingua pedis
pollici alligata in infernis ob impietatem suam sine clementia
torqueri. »

89. Aliquando autem etiam factum est, ut Blemmyes in
partem septentrionalem invaderent et urbes aliquas caperent
et homines eorumque iumenta captiva abducerent. Ad meridiem
versus cum universa praeda profecti in provincia Psoi consederunt. Tum pater meus apa Sinuthius statuit propter cap-
tivos abductos ad illos properare. Et cum amnem traiecisset,
* p. 44 ut * ad orientem ad eos se conferret, ii quibus occurrerat
primis hastas intentarunt eo animo ut eum occiderent. Illico
brachia eorum, lignorum instar, exsiccata et arefacta sunt
rigueruntque extenta, ita ut plicari non possent, magnasque
in angustias adducti lamentabantur. Eodem modo etiam acci-

---

[1] Cfr *Tit.*, iii, 7.

dit similiter ceteris huius gentis, quoad (pater meus) ad sedem
regis eorum pervenit. — 90. Hic vero, ubi virtutem, quae
cum eo erat, vinci non posse cognovit, surrexit humique eum
adoravit : « Sana, inquit, rogo te, brachia virorum meorum. »
5 Et signo crucis super illos facto, brachia statim sanata
sunt. Et dona a rege promissa accipere renuit, sed ei hoc dixit
unum : « Redde mihi homines; praedam tibi aufer totam [1]. »
Ipse vero rex omnes ei gratis concessit. Traiectos in ripam
aquae occidentalem in monasterium deduxit subsidiisque
10 instruxit et in suumquemque domicilium in pace dimisit collaudantes Deum sanctumque eius prophetam apa Sinuthium.

91. Praeterea autem quodam die accidit, ut fratres, cum
signo synaxeos hora vespertina dato in ecclesia convenirent,
alius quidem sequeretur vestitu regali indutus et forma pul-
15 cherrimus. Cui pater noster sanctus propheta apa Sinuthius,
simulatque eum conspexit, obviam sibi venienti occurrit magna-
que cum reverentia affatus manu prehensum duxit in locum
excelsum * in quo fratres lectiones pergebant. Ille vero lectio-   * p. 45
nem instituit cum gratia et reverentia multa, et quicumque
20 eum audiebat eius sermone et pronunciatione et disciplina
praeclara delectabatur. Et postquam lectionem finivisset altare
ingressus apparere desiit. — 92. Tum aliqui de fratribus murmuraverunt dicentes : « Pater noster inter nos neminem invenit qui lectionem institueret, praeter istum saecularem qui
25 sursum ab eo ductus lectionem fratribus peregit? » Pater vero
noster propheta apa Sinuthius, ubi fratres murmurare et ita
meditari cognovit, mysterium iis sincere aperuit : « Mihi,
inquit, credite, fratres mei, vir qui ascendit et nobis modo
lectionem peregit, est sanctus propheta David filius Iesse;
30 ipse in vestra ecclesia lectionem instituere voluit. Ecce Dominus est qui haec magna dona nobis concessit. » Statim fratres,
alius post alium, ad altare irruerunt fore rati ut illum reperi-
rent et ab illo benedictionem doctrinamque acciperent; neque
quemquam viderunt. Tunc omnes mirati sunt quo pacto Deus
35 illustraret sanctum magnumque prophetam patrem nostrum
apa Sinuthium.

1 *Gen.*, xiv, 21.

93. Praeterea autem quodam die accidit, ut apa Martyrius
in Phbou archimandrita in septentrionem ad prophetam apa
Sinuthium visendi et salutandi causa veniret; apa autem
Martyrium sequebatur cantor quidam. Quibus in ecclesiam
* p. 46 * ut benedictionem acciperent ingressis, cantor coepit canere   5
et plus aequo produxit; neque mysterium sciebat. Tum sanctus
apa Martyrius dixit patri nostro prophetae apa Sinuthio :
« Visne, mi pater, ut cantor desinat canere? Nam en populus
fratresque benedictionem acceperunt ». Pater vero meus illi
respondit : « Quae tibi res cum illo? Cantet! ecce enim chorus   10
angelorum respondens ei circumfunditur. Aspice David prophetam a latere eius stantem verbaque quae recitare oportet
inicientem. » Apa autem Martyrius demiratus est qui spiritus
Dei esset in patre nostro apa Sinuthio.

94. Quodam autem praeterea die pater noster propheta   15
apa Sinuthius cum magno propheta Ieremia obambulabat, —
in spiritu? revera Deus scit; aut in corpore? Deus scit[1] —,
denique in fratrem incidit capite veste obvoluto quiescentem
et verba Ieremiae prophetae recitantem. Tum sanctus Ieremias
supra fratrem recubantem et recitantem constitit et ploravit   20
quoad lacrimae eius super recubantem fratrem defluxerunt.
Statim pater meus fratrem excitavit : « Surge, inquit, celeriter! » Quem, cum surrexisset, interrogavit : « Scisne unde
sint hae guttae aquae quae super te stillabant? » Dixit ei
frater : « Minime; sed caelum pluisse existimo. » Cui pater   25
meus aperte dixit: « Mihi crede, fili mi, hae guttae aquae quae
super te deciderunt lacrimae sunt * Ieremiae prophetae. Etenim
* p. 47 supra te plorans modo stetit verba sua recitantem, quia ea cum
animi fervore non recitabas. »

95. Rursus autem semel meabat sanctus pater noster cum   30
Ezechiele propheta, dum frater quidam prophetae verba reci-
tans seorsim sedebat. Fratrem recitantem adiit propheta sanc-
tus Ezechiel et supra eum constitit, inscio fratre recitante.
Dixit igitur pater noster apa Sinuthius Ezechieli prophetae :
« Veni sessum, noli te stando fatigare. » Respondit ei propheta :   35

---

1 Cfr 2 *Cor.*, XII, 2.

« Sine me paulisper, hunc fratrem non praetergrediar, quia revera`mea verba etiam attente recitat. »

96. Alius autem quoque frater sedebat in angulo recitans duodecim prophetas minores; et quotiescumque recitans sin-
5 gulos frater incipiebat, pater noster apa Sinuthius prophetam cuius verba recitanda erant videbat stantem a latere fratris usque ad finem recitationis; qui deinde digressus apud patrem nostrum apa Sinuthium et prophetam Ezechielem consedebat. Undecim prophetis minoribus absolutis, ubi frater ad ultimum,
10 i.e. Malachiam transiit, utpote homo carneus obdormire coepit; somno parumper gravatus erat, propterea quod totam recitando pervigilaverat noctem. Tamen propheta sanctus Malachias supra eum stare non destitit. — 97. Tum propheta Ezechiel dixit patri nostro apa Sinuthio : « Operae impende exci-
15 tandi fratrem, ut verba fratris nostri Malachiae absolvat, et ipse quoque veniat et nobiscum subsidat. » Pater * autem * p. 48 noster abiit eumque excitavit : « Surge, inquit, mi fili, et dimitte magnum virum, ut propter te defatigari desinat fratribusque suis se adiungat. » Itaque suscitatus eum absolvit.
20 Deinde propheta socios prophetas salutavit; qui a patre nostro discesserunt.

98. Aliquando autem etiam accidit, ut frater quidam utpote homo, — quandoquidem solus Deus peccati expers est [1] —, in re aliqua delinqueret; pater noster apa Sinuthius secundum
25 regulam e monasterio eum expulit. Magna igitur affectus miseria frater ille abiit in desertum plorans. Misericordiarum autem Dei memor animum in paenitentiam dedit. Paenituit igitur eum : « Domine Deus, inquit, hominum auctor et miserator, qui nullum vis de operibus manum tuarum excidere [2],
30 si animum patris mei hodie moveris ut mihi quod commisi ignoscat iterumque me recipiat, ad te venturum me esse spero omnibus rebus tibi acceptum. — 99. Eodem temporis momento, cum hoc verbum in ore etiam erat, proxime stans ei apparuit Domini angelus qui eum interrogavit : « Quid, inquit, tibi est
35 quod ita afflictus sis? » Respondit ei frater ille : « Afflictus sum, inquit, mi frater, quod sanctus pater meus apa Sinuthius

---

1 Cfr *Hebr.*, IV, 15. — 2 Cfr *Ezech.*, XVIII, 23; 2 *Petri*, III, 9.

e medio fratrum me eiecit neque scio quid facturus sim, nisi
de salute mea desperem ; nam ex hoc momento mihi spes non
est paenitentiae. » Cui angelus dixit : « Si iterum receperit te
*p. 49 pater tuus, servabisne foedus quod cum Deo pepigisti et * ea
quae modo professus es exsequeris ? » Illico frater ad angeli 5
pedes procumbens : « Utique, inquit, omnino, mi Domine ; si
veniae eius particeps fio, illa me observaturum et exsecuturum
esse spero ». Reipsa quo tempore fratri apparuit angelus
gestabat monachi vestem, quemadmodum ab eo accepimus. —
100. Dixitque ei angelus : « Agedum, vade ad eum ; te ad se reci- 10
piet. » Cui frater : « Qui sunt, inquit, in custodia ad portam
me ad eum intrare prohibebunt. » Cui angelus : « Vade tu,
inquit, neminem ad portam invenies ; cito intra et patrem
tuum in aditu ecclesiae invenies sedentem in limine ; dic ei :
Qui tecum loqui modo desiit in parte dextra altaris dixit : 15
Iterum me recipe ad te. » — 101. Confirmatus hoc sermone
frater surrexit neque quemquam accedens ad monasterium ad
ostium invenit, quemadmodum significaverat ei angelus. Continuo ingressus patrem nostrum prophetam apa Sinuthium in
limine ecclesiae sedentem invenit nitido indutum vestimento ; 20
dominicus quidem erat dies ille atque hora divini officii. Et
pater noster propheta apa Sinuthius, ubi frater secundum
ea quae ab angelo sancto audierat cum eo loqui coepit, fratrem
pulsationis muneri praepositum advocavit ; cui dixit : « Propera et arcesse mihi domus-praefectum qui hunc fratrem 25
eiecit. » Cui, cum advenisset, dixit pater noster : « Introduc
fratrem, ut inter fratres iterum sicut antea versetur. » Et
mirati sunt omnes fratres, nescientes quid tectius evenisset.
*p. 50   102. * Quodam autem anno accidit, ut exundantes aquae
deficerent. Pater vero noster apa Sinuthius causam tectam a 30
Domino cognovit, et ipse quoque lacrimis ex cculis defluenti-
bus rem fratribus patefecit ; et dixit nobis : « Supplicate Deo !
Ego ipse in desertum secedam et hanc hebdomadem in obsecra-
tionibus ad Dominum consumam. Videte ne ullus omnino ad
me veniat. » — 103. Denique postquam in desertum abiit, 35
advenit aliquis : quarto illius hebdomadis die in monasterium
venit dux ut sanctum patrem nostrum apa Sinuthium salutaret benedictionemque ab eo acciperet. Vocavit me dux, Besam

minimum patris nostri discipulum, et dixit : « Velim sanctum
senem convenire et salutare. » Respondi ei : « In hoc monasterio non versatur, sed in desertum interius secessit. » Iterum
dux mihi : « Vade, inquit, eumque ad me voca. » Fratres
5 autem responderunt : « Iniunxit nobis : Nullus omnino hac
hebdomade ad me veniat. » Sed dux, prout munere auctus,
iuravit : « Non cessabo, inquit, hic inter vos morari opibus
vestris vivens, dum egressi eum ad me advocetis, ut benedictionem ab eo accipiam. » — 104. Postquam bonis monasterii
10 recreatus tres dies transegit, res nobis molesta fuit; itaque
in desertum ad locum quo pater noster propheta versabatur
nos contulimus. Et cum pulsavissemus, post longum inter-
vallum vix nobis respondit; * deinde egressus nobis succense- * p. 51
bat : « Nonne, inquit, vobis dixi : Neminem per totam hanc
15 hebdomadem intra ad me venire patimini? » Tum ei respon-
dimus : « Ignosce nobis, pater noster sancte, dux cum toto
militum praesidio in monasterio exceptus ipse nos ad te accedere coegit. » — 105. Denique dixit nobis : « Me vobis dixisse
scitis Deum aquam prohibuisse hoc anno terram inundare;
20 ideo eum rogavi, et mihi, utpote bonus Deus, annuit et misericors effecit ut aqua hoc etiam anno venerit terraeque super-
ficiem irrigaret. » — 106. Et rogatus nobiscum ad ducem
venit. Dux autem, ubi patrem nostrum vidit, salutavit eum
et benedictione accepta interrogavit : « Visne, mi pater, me
25 in regionem australem proficisci et cum barbaris bellum
gerere? » Ipse vero ei : « Omnino », inquit. Cui dux : « Utinam, inquit, gratia tua, mi sancte pater, contingat cingulum-
que, quod tuum est, coriaceum mihi des, ut mihi sit saluti. »
Et dedit ei. — 107. Dux ad meridiem versus profectus cingulum
30 sancti patris nostri sibi circumligare omisit, et cum barbaros
invassisset ab iis domitus est, multique militum eius semel
atque iterum interfecti sunt. Tandem vero resipuit et dixit :
« Nonne quidem insanii, quod cingulum coriaceum, quod mihi
tradidit senex propheta apa Sinuthius, mihi non circumdedi? »
35 Statimque se illo cinxit et barbaros aggressus * sine indul- * p. 52
gentia concidit. — 108. Deinde cum suspexisset in aere, patrem
nostrum apa Sinuthium vidit in media nube lucida manibus
igneum gladium gestantem et barbaros trucidantem. Et ipse

dux in nubem ad patrem nostrum apa Sinuthium evectus ita magnam cladem barbaris inflixit. Postea in regionem septentrionalem dux revertit gratias agens Deo patrique nostro sancto prophetae apa Sinuthio viro iusto.

109. Duo fratres recumbebant in monasterio aegroti. Quorum alter fervidus erat ac bene ad se attentus, alter vero maxime negligens qui dies suos rebus vanis terebat. Sed quodam die accidit, ut pater noster apa Sinuthius se conferret in domum aegrotorum ad eos visendos. — 110. Tum venit ad fratrem negligentem eique dixit : « Ecce dolore te video affectum mortique proximum; quid de te iudicas? » Respondit frater : « Mihi crede, mi pater, nullum umquam tuum mandatum peregi, neque scio quomodo me excusaturus sim. » — 111. Deinde etiam venit ad locum fratris iusti qui morbo gravatus non erat; et quaesivit ab eo : « Quid dicis, inquit, si te Dominus visitet? misericordiamne te nunc consecuturum esse confidis? » Respondit ille : * « Mihi crede, mi sancte pater, operam me dedisse ut omnia mandata tua exsequerer; sed, si non est misericordia apud Deum [1], quid mihi eventurum sit nescio. » Pater meus dixit ei : « Bene. » — 112. Postea frater fervidus morte defunctus ad Dominum migravit. Qui vero negligens erat e morbo convaluit; sed etiam in negligentia sua perseveravit; et pater noster apa Sinuthius animo de illo angebatur. — 113. Accidit autem ut, cum fratres ad aream in qua panes [2] panderentur argillam pararent et aliqui de fratribus argillam afferrent, frater etiam ille negligens et e morbo recreatus inter illos esset. Hic cum corbe argillae (plena) lente, quandoquidem piger erat, incedebat iocosus dissolutus et in cachinnos effusus. Iratus vero pater noster senex surrexit, arripuit eum, arreptum humi prostravit. Super quem cum corbis argillae (plena) iaceret, hunc in modum increpuit:

*p. 53

---

[1] Cfr Ps. CXXIX, 7; loco ⲙⲉⲣⲉⲡⲓⲛⲁⲓ, lege ⲉⲙⲉⲣⲉⲡⲓⲛⲁⲓ. — [2] Mirum est panes in area argillacea exponi. Talis usus est prorsus aliunde ignotus apud monachos Aegypti superioris. Vox hic adhibita ⲱⲓⲕ (panis) respondet sahidico ⲟⲉⲓⲕ ; atqui sahidicus ⲟⲉⲓⲕ significat sive panem, sive arundinem. Probabilius ergo videtur hic agi de arundinibus preparatis ad mattas, catenulas, corbulas, etc., texendas. Interpres bohairicus non animadvertit voces ⲟⲉⲓⲕ et ⲱⲓⲕ, hic in casu, non idem valere. [LEFORT.]

« Nonne tibi sufficiet quod fratrem fervidum pro te tradidi?
Effeci ut superstes esses, cum optarem ut paenitentiam ageres.
Ecce ne nunc quidem ex operibus tuis turpibus resipuisti. »
Frater vero surrexit et ad (pedes) patris nostri procubuit :
5 « Ignosce mihi, inquit, ignosce! » — 114. Recessit igitur;
ceterum paenitentiae se dedit magno cum studio gemitibus
et lacrimis, dum dies mensis praeterierunt. Mense igitur exacto
aegrotavit moriturus. Pater noster sanctus apa Sinuthius ad
eum intravit ut eum inviseret; ad latus eius mansit quoad
10 vivere desiit. Deinde pater noster fratribus dixit : « Ecce
frater * hodie ad Dominum migravit, in cuius vita nullus est   * p. 54
defectus. »

115. Quodam autem die etiam accidit, ut Dominus noster
Iesus Christus ad patrem nostrum apa Sinuthium veniret et
15 cum eo loqueretur ita : « Amici tui, inquit, ascetae qui in
deserto sunt, cum filios tuos videre concupiverint, ecce hac
nocte ad te venient. » Quo dicto secessit. — 116. Tum pater
noster propheta apa Sinuthius maiores filios et domus-prae-
fectos in monasterium congregavit. Quibus hunc in modum
20 dixit : « Monachi aliqui hac nocte ad nos venient; si inter vos
venerint, videte ne quis vestrum aut etiam fratrum cum iis
loquatur; sed iis caput inclinate ut benedictionem ab iis acci-
piatis : viri enim vere sancti sunt. » — 117. Cum igitur pulsatum esset ut ad recitandum nocte convenirent, — hiems
25 quidem erat et ita camino assidebant noctu memoriter recitan-
tes —, ecce pater noster apa Sinuthius advenit tribus stipatus
monachis maximo splendore circumfusis. Fratres autem
cum eos vidissent, omnes consurrexerunt, eos salutaverunt et
benedictionem ab iis acceperunt. Posthac illi sancti recesse-
30 runt, patre nostro sancto propheta apa Sinuthio eos comitante.
— 118. Luce orta congregati eum interrogavimus dicentes :
« Qui sunt, pater noster, illi viri nobiles qui hac nocte nos
inviserunt? Neque enim vidimus eorum similes: cum dignitate
et modestia incedebant vestimento splendido, a vita non discre-
35 pantes, sed instar angelorum * Dei erant. » Pater noster apa   * p. 55
Sinuthius respondit nobis : « Ite, inquit, Deum collaudate ob
honorem qui nobis contigit : mihi credite hos viros sanctos,
qui hac nocte ad vos venerunt, esse Ioannem Baptistam et

Eliam Thesbitam et Elisaeum. Hi magni prophetae, qui laborem vestrum inspicere desideraverunt, Deum rogaverunt; ecce eos ad vos misit. Illa sententia quae scripta est: Ii in quos desiderant angeli prospicere, in vobis evenit[1]. »

119. Praeterea autem pater noster propheta apa Sinuthius aliquando in aquilonem perrexit ad montem in Siout, ut amicum suum prophetam inviseret apa Ioannem sanctum illum anachoretam; qui etiam faber appellabatur et in deserto solitarius in teguriolo inclusus erat et cum salutatoribus per fenestellam loquebatur. — 120. A septentrione montis in Siout martyres conditi erant, quorum corpora in via sepulta erant. Quo tempore via in aquilonem proficiscebatur, martyres illi, priusquam ad locum in quo conditi erant appropinquasset, ei occurrebant et salutandi causa eum alloquebantur, cum dicerent : « Bene venisti, a Deo dilecte! » Deinde cum eo ambulabant magna cum laetitia eum deducentes amplius spatio milliario, et magno honore prosequentes. — 121. Saepe etiam cum Domino Iesu Christo facie ad faciem loquebatur. Modo rursus cum prophetis sermocinabatur, modo apostoli * ei apparebant cum eo colloquentes. Omnes sancti eum consolantes cum eo confabulabantur. Interdum angeli ei apparebant ut ei indicarent quae dicere deceret, sive aliquos consolaretur, sive aliquos increparet.

122. Quondam autem etiam accidit, ut pater noster apa Sinuthius in cella deserti esset et ad monasterium venire moraretur. Illis enim diebus pro aquis fluminis vota nuncupabat, et ideo praeceperat nobis : « Nemo veniat in desertum. » — 123. Cum aliqua necessitas in monasterio facta esset, ad eum mittere timuimus. Erat autem secundus quidam patri nostro subiunctus; hic igitur secundus, apa Iosepho patris nostri notario vocato, dixit: « Ascende, difficultatem patri nostro enarra; quaere ex eo quid faciamus. » Ille vero huic obsecutus in cellam deserti ad patrem nostrum ascendit. Cum autem cellae appropinquaret, eum audivit ac si cum hominibus loqueretur, timuitque intus ad eum accedere. — 124. Brevi autem post pater noster foras clamavit : « Intra, Iosephe, ne foris manseris. »

---

[1] 1 *Petri*, I, 12.

Itaque ingressus benedictionem ab eo accepit. Cui pater noster
dixit : « Cur in desertum venisti, ianuam cellae non aperuisti,
nec intrasti? » Ille vero demisse respondit: « Arbitrabar, inquit,
principes urbis huc ad te ascendisse et tecum locutos esse;
5 propterea, mi pater, intrare non potui. » Respondit ei pater
noster apa Sinuthius : « Iosephe, inquit, in deserto Sinuthius
non loquitur cum hominibus : vel cum angelis, * vel etiam * p. 57
prophetis, vel apostolis, vel martyribus fabulatus sum. Ceterum
magnam, o Iosephe, hodie perdidisti gratiam; duodecim enim
10 apostoli, qui mei visendi causa venerant, modo hinc surrexerunt et recesserunt. Mihi crede : hi sunt qui nunc mecum
locuti sunt. »

125. Quodam autem die pater noster in urbem Šmin intravit,
ut deorum simulacra e domo Gesii noctu clam auferret. Tum
15 asinum suum conscendit; cum eo fratres duo monachi erant
item iumentis vecti. Et noctu ad flumen progressi, providentia
divina, flumen sine ullo navigio aut nauta traiecerunt et in
urbem introierunt. — 126. Et cum ad portam Graecorum
processissent, statim domus ianuae, alia post aliam, apertae
20 sunt, donec ad locum in quo simulacra erant penetravit. Ita
cum fratribus comitantibus simulacra cepit; ad flumen extu-
lerunt et fracta minutim in flumen deiecerunt. — 127. Iterum
ad partem fluminis occidentalem suo modo venit, ipse et
fratres, sine navicula aut nauta; nec ullum quidem porro
25 iumentorum vocem ullam illa nocte emisit, dum ad monasterium redierunt. Nos vero omnes Deum patremque nostrum
apa Sinuthium collaudabamus propter omnia bona quae ipse
et pater noster efficiebant.

128. Quondam autem etiam sancti patres nostri in concilium
30 convenerunt, ut impium illum * Nestorium anathematizarent. * p. 58
Aderat ibi pater noster propheta apa Sinuthius cum sancto
Cyrillo urbis Racoti archiepiscopo. In ecclesiam ingressi cum
cathedras in quibus considerent collocassent, aliam in medio
consessu constituerunt cathedram, in qua quattuor sancta
35 evangelia deposuerunt. Impius vero Nestorius ubi cum magna
superbiae et impudentiae ostentatione intravit, tum quattuor
sancta evangelia sublata in solo posuit et in cathedra sedit. —
129. Pater vero meus apa Sinuthius, ubi quod Nestorius egisset

vidit, merito iratus in medios sanctos patres exsilire festinavit;
evangelia arrepta de terra sustulit et impii Nestorii pectus
percussit : « Visne, inquit, filium Dei humi iacere, te vero in
cathedra sedere? » Respondit impius Nestorius, et patri meo
Sinuthio dixit : « Quid tibi negotii est in hoc ipso concilio? 5
Neque quidem tu omnino episcopus es, neque archimandrita,
neque antistes, sed tu monachus es. » Pater noster respondit
illi : « Ego sum, inquit, quem Deus huc venire voluit, ut te
pro tuis delictis reprehenderem et errores impietatis tuae
patefacerem, cum perpessiones reicias unigeniti filii Dei, quas 10
pro nobis subiit, ut nos a peccatis nostris liberaret. Et ille
* p. 59 nunc cito a te poenas repetet. » Illo temporis momento * de
cathedra sua humi delapsus est et in medio consessu patrum
nostrorum a diabolo obsessus est. — 130. Illo autem temporis
puncto sanctus Cyrillus surrexit et caput patris nostri apa 15
Sinuthii apprehendit osculoque contigit. Tum velarium quod
in collo suo erat cervicibus apa Sinuthii circumdedit bacu-
lumque suum manui eius inseruit, et archimandritam eum
fecit. Et omnes qui concilio intererant exclamaverunt dicentes:
« Dignum, dignum, dignum archimandritam! » 20

131. Erat autem adolescentulus in monasterio monachus
quem sensus adulescentiae vehementer vexabant. Quoniam
igitur consilia daemonum eum ita cruciabant, in corde suo
constituit : « Si pater meus ad me visitandum in portam
venerit, in saeculum cum ipso exibo. » — 132. Pater autem 25
noster iustus apa Sinuthius fratrem, ubi cogitationes eius
rescivit, vocavit eique dixit : « Vere cum patre tuo, si venerit,
in saeculum exibis? » Et adolescens subrisit; cui pater noster :
« Vere, inquit, mittam te ad verum patrem tuum. » Et his
dictis eum dimisit. — 133. Adolescens autem aegrotare coepit. 30
Qua de re pater noster apa Sinuthius certior factus est. Et
rogabant eum fratres ut pro illo precaretur et sanus fieret;
magnos enim patiebatur dolores. Ipse vero pater noster propheta dixit iis : « Quid vobis cum isto? Ad patrem suum
* p. 60 migrare vult. » His autem auditis fratres recesserunt. * Sab- 35
bato vero, qui erat dies septimus postquam adolescentulus
aegrotare coeperat, obdormivit hora diei nona. Illum linteis
involverunt, abstulerunt et humaverunt. — 134. Humatione

autem eius absoluta, pater noster apa Sinuthius congregatis
omnibus fratribus, iussu Dei, locutus est : « Mihi, inquit,
credite, fratres ; ecce anima hodie ad Deum migravit in qua
macula fuit nulla, sed nullo obstante in loca requietis introibit
5 ut ante sacrum velamen adoret. » His autem auditis fratres
Deum collaudaverunt et ad serviendum Domino patienter et
indesinenter se composuerunt.

135. Quondam autem comes ad meridiem venit, ut ad bellum
cum barbaris gerendum proficisceretur. Et cum in conspectu
10 monasterii pervenisset, ad patrem nostrum misit aliquem qui
rogaret eum ut ad se super flumen veniret, ut eum salutaret
et benedictionem ab eo acciperet priusquam ad barbaros
impugnandos proficisceretur ; rebatur se, si eum tantummodo
videret, omnes hostes suos victurum. Egressus autem pater
15 noster celeriter ad eum se contulit. — 136. Duo leones feroces,
quos vir quidam custodiebat, navigio alligati erant. Sed cum
pater noster se ad navem contulisset, ut eam conscenderet,
tum leones ei capita submiserunt, ac si benedictionem ab eo
acciperent. Mirati sunt comes et socii eius omnes : « Vere,
20 inquiunt, sanctus propheta hic est. » — 137. Deinde comes eum
rogavit * ut cingulum eius sibi daret tutamento quo cinctus * p. 61
barbaros impugnaret. Quod ei dedit. Ita in meridiem profectus
cum barbaris conflixit eosque concidit ope precum sancti
patris nostri apa Sinuthii viri Dei. Posthac ad septentrionem
25 cum suis revertit Deum collaudans ob victoriam per preces
patris nostri benedicti obtentam.

138. Accidit autem etiam aliquando, ut pater noster propheta apa Sinuthius, cum synaxim suam noctu haberet et
synaxi absoluta paululum quiesceret. Domini videret ostentum.
30 Ita virum vidit coram se stare totum splendoris plenissimum
et cuius os suavissimum emittebat odorem ; vultus eius solis
instar radios luminis fundebat. Cui senex : « Quis, inquit, es
tu talis, mi domine, hoc magno circumfusus splendore ? »
Respondit vir ille lucidus : « Paulus, inquit, ego sum apostolus
35 Christi. Quoniam caritati studes stipemque porrigis omnibus
qui te rogant et praecepta omnia omni ex parte observas amore
impulsus, ecce Dominus ad te me misit, ut ob ea quae egentibus inopibusque praestas solatium tibi afferem. » Ita moratus

et cum eo locutus est usque ad horam conventus nocturni in ecclesia. — 139. Deinde panem ei (Paulus) porrexit et dedit. Senex autem panem accepit et ad sacculum suum alligavit. Et apostolus ei dixit : « Sume hunc panem et defer ad locum in quo fratres seponunt * et e quo depromunt panes-; multi enim viri sancti huic pani benedixerunt atque etiam Dominus noster Iesus Christus ei benedixit eumque signo crucis munivit. Nunc igitur animo forti et fidenti esto; ne timueris! Pax Dei stabilis tecum manebit in aeternum. » Et denuo eum salutavit et ab eo secessit. -— 140. Senex autem sanctus apa Sinuthius cum a visu surrexisset, panem ad sacculum suum alligatum invenit; et Deum laudavit dicens : « Quid retribuam Domino pro omnibus quae fecit mihi [1]? » Statim exiit ad petendam [2] ecclesiam cum fratribus, ad locum autem e quo fratres panes depromebant se contulit. Clam vero, nullo conscio assumpto, panem benedictionis ab apostolo sibi in visu traditum posuit in apotheca e qua panes depromebantur; clausit ianuam et ecclesiam petivit; fratres vultum eius mirabundi viderunt eximie splendentem. — 141. Cum ex ecclesia exissent, ipse ad habitationem suam se contulit. Ubi tempus fuit, pulsatum est ut singuli ad opus suum aggrederentur; et frater loco, in quo panes seponebantur, praefectus senem adiit : « Da mihi, inquit, mi sancte pater, hanc veniam ut precatum venias, et alia apotheca aperiatur ex qua ad nos venientibus necessaria depromamus; quia penes illius ex qua depromitur consumptus est ». Cui senex vultu laetissimo dixit : « Vade, mi fili, deprome ex illa quoad exhauriatur. » Dixit ei frater : « Ignosce mihi, mi pater, nihil reliqui feci nisi unam in illa apotheca corbem, * cui tu benedicas velim. » Cui senex : « Abi, inquit, deprome corbem quam reliquam fecisti. » — 142. Procurator autem ianuam apothecae patefacturus aperire non potuit; tum fratres surrexerunt ut ei operam praeberent; ne ii quidem eam aperire potuerunt, et dixerunt : « Plane voluntas Dei non est ut hodie turbas reficiamus. » Pater autem noster apa Sinuthius, qui quid accidisset noverat, surrexit et ad fratres venit; quibus dixit : « Agite, larga Domini dona depromite et,

* p. 62

* p. 63

---

[1] Ps. cxv, 12. — [2] ⲉⲉⲣ ⲉϥϩⲱⲗ ; dele notas, et corrige: ⲉⲑⲣⲉϥϩⲱⲗ.

si sufficientia non sint, aperiemus aliam unde hauriamus. »
Cum autem precati essent, signum crucis senex ianuae imper-
tivit dicens : « Domine mi Deus, virtute tua et imperio tuo
ianua aperiatur! » — 143. Tunc extemplo ianua patefacta
est, et magnus panis acervus inde effusus aditum ianuae
obstruxit, ita ut magna copia panis adesset. Hoc pacto per sex
menses turbae et fratres sustentati sunt panis largitione quae
de ianua apothecae effluxerat; illaque apotheca ʻapotheca
largitionis' appellatur usque ad diem hodiernum.

144. Erat autem in horto fratrum olitorio frater quidam
monachus nomine Psoti; hic praeter modum largiebatur :
quicumque ad eum venerant, iis olus dabat omnibus, imprimis
vero fratribus montanis. — 145. De nimia eius liberalitate
querelam ad patrem nostrum apa Sinuthium detulerunt fratres, cum dicerent : « Psoti in horto fratrum olitorio nihil
relinquit, ita ut non inveniamus nobis et ad nos venientibus
necessaria. » Quibus pater noster cum amore Dei dixit : * « Si   * p. 64
oleribus non caruistis, culpae obnoxius non est. Attamen per-
brevi ad eum ibimus, ut eum reprehendamus; et si penuria
esse coeperit, ex horto eum amovebimus. Verumtamen magnum
quiddam est caritas! » Sciebat enim pater meus apa Sinuthius
fortunam ei praesto esse in rebus omnibus. — 146. Illa autem
nocte accidit, ut senex cum precari destitisset et paululum
recubuisset, mulierem videret in somnio pulcherrimam cuius
corpus totum solis instar radios luminis effunderet. Quae manu
Psoti apprehensa cum eo locuta est : « Vide, inquit, ne sup-
primas largitiones ex horto olitorio. Tuane est terra quae
fructus fert, vel tua est aqua quae in cisterna est, vel tua est
virtus iumentorum operantium? Ecce dico tibi : Cordi Domini
et filii mei satisfecisti, quod paulum oleris fratribus omni-
busque indigentibus tribuis. » — 147. Pater vero noster sanctus apa Sinuthius, qui verba mulieris hortulano Psoti dicta
audierat, eam esse matrem Domini cognovit. Illa ad senem
apa Sinuthium conversa ait : « Sinuthi a filio meo dilecte,
fratrem de quo querelam ad te delata est tibi adduco : quem,
si delictum in eo deprehenderis, ego gravi morbo tentabo. » —
148. Senem autem prophetam e somnii visu expergefactum
stupor ea de re tenuit. Postquam ad synaxim pulsatum est,

senex ecclesiam priusquam fratres intrarent ingressus Psoti
hortulanum stare vidit precantem et digitos eius decem ful-
gentes lampadumque instar ardentium lucentes. Interrogavit

* p. 65 eum pater noster : « Quis es tu talis? » Respondit : * « Psoti
ego sum filius tuus. » Cui senex: « Quis, inquit, huc te, fili mi,   5
adduxit? » Dixit Psoti : « Qui ad te venit in cubiculum tuum
tecumque est locutus antequam ad synaxim pulsatum est, is
me huc adduxit. » Cui senex : « Scriptum est, inquit, mi fili :
Deus vester Deus est et Dominus dominorum rex vester est [1].
Ecce Deum tecum esse scio in rebus quas aggrederis omnibus;   10
hodie in hortum ad te veniam ut te visitem. Ceterum, mi fili,
stipem largire sicut actum est. » — 149. Deinde senex hora
diei tertia clam [2] in hortum ad eum adiit et vidit olera fratribus colligentem. Accessit apa Psoti benedictionemque a patre
nostro accepit dicens: « Magna hodie gratia mihi contigit quod   15
ad me, mi pater sancte, advenisti : benedictio in omnibus
rebus nobiscum erit. » — 150. Sanctus autem senex apa Sinuthius sanctam virginem Mariam vidit urnamque aquae ante
eam positam. Ipsa manum apa Psoti ad urnam admovit, aqua
adspersit omnia olera et dixit sic: « Progerminate sine inter-   20
missione. » Deinde pace ei data, Virgo magno cum splendore
ab eo discessit. Tunc pater noster apa Sinuthius novit sanctum
apa Psoti esse egregie iustum, cui Dominus Iesus in omnibus
suis inceptis adesset.

151. Rursus autem quodam die factum est, cum pater noster   25
* p. 66 apa Sinuthius sederet et cum saecularibus * viris loqueretur,
ut corvus in murum supra eos consideret et supra eos deorsum
crocitaret. Tum aliquis de viris patri nostro assidentibus cor-
vum adspiciens dixit : « Bonusne nuntius, corve, in rostro
tuo est? » — 152. Pater autem noster apa Sinuthius suspiravit: 30
« O stultitiam, quae inter homines praevaluit! Unde hic corvus
hunc bonum nuntium sciat? Estne corvus patris tui tabella-
rius? Non, mi fili; ne iterum in mente habeas voci huius avis
attendere; clamat tantum ad Dominum, ut cibum suum sibi
subministret. Annon ergo psalmistam David audisti dicentem: 35
Qui dat iumentis escam eorum, et pullis corvorum invocanti-

---

[1] *Apoc.*, XVII, 14. — [2] ⲆⲈⲚⲞⲨϨⲰⲂ ; sane sahidicus : ϨⲚ̄ⲞⲨϨⲰⲠ.

bus eum [1]? » — 153. Multi enim homines omina accipiunt e
voce volucrum, et sole, et luna et stellis. Haec omnia sunt
idololatriae malae opera; scriptum est enim : Anima quae
haec facit, anima illa delebitur de populo suo? [2] Sunt etiam
5 multi qui fiduciam ponunt in principibus huius saeculi, ne
quid mali sibi accidat. Illi plane nesciunt ne unam quidem se
horam constare posse, si Deus vultum suum ab iis averterit [3].
Scriptum est enim : Nolite confidere in principibus neque
in filiis hominum; nam exibit spiritus eorum ex iis et rever-
10 tentur in terram, in illo die peribunt omnes cogitationes eorum;
beatus cuius Deus Iacob est adiutor, et spes infixa in Domino
Deo suo [4]. »

154. Accidit autem etiam patri nostro, * dum per desertum   * p. 67
iter facit, ut ei Dominus Iesus appareret et cum eo loque-
15 retur. Una autem progressi in cadaver in monte proiectum
inciderunt. Pater vero noster apa Sinuthius se prostravit
Dominumque adoravit dicens : « Ecce, Domine Deus meus,
multos annos hoc cadaver praeterii, neque novi quo proposito
hic abiectum fuerit. » — 155. Dominus autem noster Iesus
20 Christus cadaver pede suo commovit dicens : « Dico tibi, o
cadaver, resipisce et surge, ut famulum meum Sinuthium
doceas quis tu sis talis. » Statimque mortuus surrexit hominis
instar e somno surrecturi. Ubi vero Dominum aspexit, eum
agnovit et adoravit dicens : « Utinam misericordia tua, mi
25 Domine, mihi contingat! » Cui Salvator : « Loquere, inquit,
ut lectissimus meus Sinuthius sciat quid sit opus tuum. »
Respondit mortuus : « Quid dicam, mi Domine? Tu abscondita
et aperta scis; tu scis quoque quae sit conditio mea. » Dixit
ei Salvator : « Nihilominus loquere, ut famulus meus Sinuthius
30 et ego ipse te audiamus. » — 156. Respondit mortuus : « Ego,
inquit, vitrarius sum e Siut oriundus artem exercens cum
quibusdam sociis. Profecti in meridiem prope Šmin venimus,
ut ibi operaremur. Paucis autem diebus interiectis morbo
affectus e vita discessi; et huc me delatum abiecerunt, quoniam
35 nullus erat inter illos mihi consanguineus. » — 157. Interro-

1 *Ps.* CXLVI, 9. — 2 *Lev.*, XX, 6. — 3 Cfr *Ps.* XII, 1; XXIX, 8; XLIII,
24, etc. — 4 *Ps.* CXLV, 3-5.

gavit eum pater meus apa Sinuthius : « Iamne tunc, inquit,
in terram Salvator advenerat?» Respondit ille : « Utique,
fama in partem meridionalem ad nos per viatores delata est

* p. 68 quandam mulierem in urbem Šmin [1] ingressam esse * puerulum in sinu gestantem; quidquid hic diceret, contingeret : 5
mortuos resuscitaret, daemones eiceret, efficeret ut claudi
ambularent, surdi audirent, muti loquerentur, leprosi mun-
darentur [2] et quaelibet prodigia perpetraret. His ergo auditis
constitui in meridiem proficisci ut eum adorarem; neque vero
(rerum) cura me dimisit. » — 158. His autem dictis mortuus 10
Salvatorem prostratus adoravit supplicans : « Utinam misericordia tua mihi contingat! Fac ut iterum suppliciis non tradar.
Vae mihi, quod uterus matris meae mihi sepulchro non fuit
antequam ad haec tormenta descendi. » — 159. Cui dixit
Dominus : « Quandoquidem dignus fuisti qui me in terris 15
famulumque meum apa Sinuthium videres, paululum dabo
tibi quietis; recumbe nunc ut misericordia tibi contingat, et
quiesce usque ad diem veri iudicii. Statimque mortuus sicut
antea decubuit. — 160. Salvator vero cum patre nostro apa
Sinuthio, cuius manum apprehenderat, processit usque ad 20
cellam in deserto sitam; et inter se de magnis mysteriis ser-
monem habebant. Deinde in caelos Dominus cum angelis ante
ipsum cantantibus ascendit.

161. Ecce autem post haec rursus adduxerunt ad eum came-
lam quae nuper pepererat; et pullus eam sequebatur debilis, 25
quoniam eum ad ubera non admittebat. Pater vero noster,

* p. 69 ubi eam vidit, paululum * aquae ex hydria ecclesiae petiit
et praebuit camelae; quae bibit. Pullum sub eam admovit
dicens: « Pullum tuum si non excipies, cur tandem peperisti?»
Illa statim mammam praebuit sine ulla difficultate. Dein 30
domini eam prehenderunt et domum abierunt collaudantes
Deum sanctumque patrem nostrum apa Sinuthium.

162. Erat autem etiam in provincia Šmin operarius quidam
per totum annum conductus laborans, cuius tamen filii ad
satietatem non edebant. Hic vero profectus ad patrem nostrum 35
prophetam apa Sinuthium se contulit eumque rogare coepit.

---

[1] Lege cum codice ϣⲙⲓⲛ. — [2] Cfr Matth., XI, 5; Luc., VII, 22.

Statim autem pater meus intellexit quam ob rem ad se venisset.
— 163. Tum vir ei dixit : « Utinam, mi pater sancte, misericordia tua mihi obtingat! Ab adolescentia enim operam cuili-
bet tribuo; nihilominus ego et liberi mei ad saturitatem non
5 edimus, sed cotidie cibi[1] inopia premimur. » Pater autem
noster dixit ei : « Fortasse non invenisti artem qua vivere
possis. » Ille vero dixit : « Nescio, mi pater sancte. » —
164. Pater autem noster in ecclesiam abiit, rogavit atque
obsecravit Dominum pro illo. Ubi precari destitit, cucumeris
10 granula quaedam invenit; quae sumpsit et aqua altaris imbuta
viro tradidit : « Accipe, inquit, haec cucumeris granula, vade
ad regionem illam et tibi cucumerem ibi sere; haec enim est
ars tua cui Dominus te destinavit, ut inde vivere possis. Sed
si cucumeres progerminaverint, habebo in iis partem; * ego   * p. 70
15 enim una tecum ad eos destinatus sum. » Respondit ille :
« Utique omnino, mi pater sancte. » — 165. Vir vero profectus
cucumerem sevit, sed iterum reversus patrem nostrum adiit,
cui dixit : « Ecce cucumerem sevi; tamen precare pro me qui
profecturus sum ad complendos etiam hos laboris viginti dies,
20 qui mihi anno exeunte incumbunt eo loco ubi operam tribuo. »
— 166. Postea ad curam cucumeris adhibendam se contulit.
Ubi cucumis progerminavit, primitias quae succreverant sumpsit et ad monasterium attulit. Pater vero noster eas accepit
et fratribus dispertiit. Deinde paululum aquae, super qua
25 precatus erat, ei tradidit dicens : « Effunde hoc exiguum
aquae super cucumerem his verbis usus : Dixit Sinuthius :
Surge in altum, quoniam ego in te habeo partem. » Ille vero
aquam cepit et super cucumerem effudit : « Sanctus apa Sinuthius dixit : Surge in altitudinem, quoniam ego in te habeo
30 partem. » — 167. Cucumis autem diffundi et ad fructus lautos
ferendos se evolvere coepit, mirificeque auctus est. Tum vir
egenus vendere coepit; copiam tritici et hordei et lentis et
panis et rerum omnis generis sibi comparavit; ditissimus factus est vir inops : domum suam omnibus bonis ita implevit
35 ut, prae fructuum copia, extraneorum auxilio ad proventum
cucumeris condendum indigeret. Ubi vir omnibus bonis abun-

---

1 Corrige ⲛ̄ⲧϩ⟨ⲣ⟩ⲉ ⲙ̄ⲡⲓⲉϩⲟⲟⲩ.

davit cucumis in peius ruit. — 168. Vir autem profectus ad
* p. 71 monasterium venit * et patris mei pedibus advolutus dixit :
« Piis precibus tuis, mi pater sancte, Deus magna bona mihi
largitus est; nunc igitur age eamus ut uberem proventum a
Domino concessum inter nos dividas.» Tum pater noster   5
profectus est et pro magna sua simplicitae eum secutus est
baculum suum manu tenens. Cum ad domum viri venissent,
acervos panis et tritici conspexit. — 169. Tum senex eum
tentavit ut aequitatem et mentem eius perspiceret. Vir dixit
ei : « Partire inter nos donum Domini. En carros camelosque   10
paravi ut partem tuam tibi ad monasterium transportarent. »
Pater vero meus, ubi fidem et mentem eius perspexit accura-
tas, dixit ei : « Sinuthius, mi fili, nihil desiderat; sed sume
tibi omnia et cum liberis tuis ex iis vive. Spero in Deo fore
ut nihil unquam boni tibi desit deinceps; sed beneficus esto.   15
Ceterum age, eamus ut mihi cucumerem ostendas. » — 170. Cum
ad locum cucumeris se contulissent, eum viderunt dilapsum;
et pater noster baculo quem manu tenebat cucumerem percussit : « Dico tibi, inquit, o cucumis, cresce et huic indigenti
iterum paulum fructus profer, ut cum liberis vivat. » Ita   20
pater noster sanctus apa Sinuthius ad monasterium rediit.
Postea vero cucumis denuo florens fructus egregie protulit. —
171. Vir autem ditissimus factus est; bonorum copiam quam
ei primum Dominus constituerat, etiam iterum constituit. Deinde
commercium auri et frumenti exercuit, et ad magnas opes   25
* p. 72 pecuniasque venit, * quas neque parentes neque avi eius vide-
rant. Ita Deum patremque nostrum prophetam apa Sinuthium
laudibus efferebat, omnibus vitae suae usque ad mortem diebus.

172. Ecce igitur vobis narravimus pauca e miraculis ascesi-
busque patris nostri prophetae sancti apa Sinuthii, apostoli   30
et virginis, presbyteri et archimandritae, quae oculis meis
vidi et auribus meis audivi ego Besa discipulus patris mei
senis; hic inter aetatis suae homines palmae instar se erexit,
et cuius fructus cedri Libani instar multiplicatus est[1], ita
ut bona eius fama dilataretur et herbae terrestris instar   35
totum orbem terrarum compleret; hic etiam totam inimici

---

[1] *Ps.* XCI, 13.

potentiam fortiter vicit profusione lacrimarum fecundarum
et stabilitate vitae angelicae et institutione communitatis
suae sanctae quae post mortem eius etiam celebris fuit.

173. Sed ad progressus eius felices iterum revertamur, ut
gratiam eius consequamur. Pater noster apa Sinuthius verbo
et epistulis suis sanctis saleque conditis [1] omnes aedificabat,
summos et infimos sive monachos sive saeculares; et praecipie-
bat ut in omnes essent hospitales [2] et misericordes, maxime
vero ut caritas et pax et iustitia semper in monasterio con-
stantes essent.

174. * Ipse vero pater noster plenus dierum bonorum sum- * p. 73
mam adeptus est senectutem ad modum patrum nostrorum
patriarcharum. Haec autem verba pater noster iustus saepe
apud nos omnes fecit : « Dominus, inquit, aetatem archipro-
phetae Moysis, scilicet centum viginti annos, mihi concessit;
sed si iram meam excitaveritis, rogabo eum ut ante illos annos
me auferat. » — 175. Pater autem noster apa Sinuthius diebus
provectus est; cum prope ad annum centesimum duodevice-
simum pervenisset, in morbum incidit primo die mensis epiphi,
scilicet die nativitatis suae anniversario prout nobis indicavit.

176. Tunc mihi Besae discipulo suo dixit : « Cupio paululum oleris cocti. » Et ego cito ad triclinium fratrum pere-
grinorum abii et attuli quod comederet. Ipse vero mihi :
« Sume illud, inquit et in solario repone quoad illud expetam. »
Ego autem secundum praeceptum [3] eius egi. — 177. Tertio
autem die ex quo aegrotabat dixit mihi : « Vade, affer mihi
hanc portiunculam coctam. » Ego vero illam ei attuli; sed cum
os admovisset, eam cadaveris abiecti instar foetidam invenit,
sibique ipsi dixit : « Comede, anima, de eo quod concupivisti »;
deinde mihi : « Sume illam, inquit, et abice. » Ita illam non
gustavit.

178. Deinde ex hoc die morbus eius in peius abiit usque
ad diem sextum, qui erat dies sextus epiphi. Fratres maiores
monasterii ad se vocavit, * et nobis hoc modo locutus est : * p. 74
« Arcessivi vos omnes, filii mei carissimi, quoniam Dominus

---

1 Cfr *Col.*, IV, 6. — 2 Lege ⲉⲉⲣⲙⲁⲓϣⲉⲙⲙⲟ. — 3 Lege ⲕⲁⲧⲁⲡⲉϥ-
ⲥⲁϫⲓ.

meus vere vult me ex hoc loco peregrinationis auferre et ani-
mam meam separare a corpore misero.» — 179. Ego vero
super eum procubui simul cum fratribus circumdantibus; et
valde collacrimavimus dicentes : « Abibis, pater noster, et nos
relinques orphanos! Ubi virum inveniemus tui similem qui nos   5
doceat et duplici cibo, cibo divino et cibo humano, nos enu-
triat? Totum orbem terrarum implevisti sanctis tuis praecep-
tis et verbis sapientiae, quae Deus tibi largitus est; sermones
tui et leges, mandata et praecepta tua apostolica totum orbem
terrarum repleverunt!» — 180. Insuper dixit nobis : « Obser-   10
vate mea praecepta quae vobis inculcavi, videte ne negligatis
mandata quae vobis rettuli a Domino : caritatem fraternam,
misericordiam, hospitium egentibus et peregrinantibus; hos
nolite e sanctis monasteriis submovere, omnesque in amore
Christi accipite, ut et ipsi angeli Dei veniant et apud vos   15
versentur. Synaxeis, preces et ieiunia nolite praetermittere,
sed semper in iis perseverate ut socii Christi sitis. Haec si
custodieritis, nullo bono in hac vita neque in aevo venturo
indigebitis.» — 181. Denuo morbus eius ingravescebat; nos
vero omnes flebamus animo affecti.   20

* p. 75   182. * Ubi vero dies septimus eiusdem mensis epiphi illuxit,
morbo graviter cruciatus est. Hora autem diei sexta dixi ei :
« Quid ita te habes?» Dixit mihi : « Vae mihi quod iter longum est; quousque expectabo dum ad Deum veniam? Sunt
in via terrores et potentiae magnae; vae mihi usquedum   25
Dominum conveniam.» — 183. His autem dictis conticuit per
dimidiam horam attonitus. Subito exclamavit : « Date mihi,
inquit, hanc veniam ut mihi benedicatis, patres mei sancti;
venite et coram me considite secundum chororum vestrorum
ordinem.» — 184. Dicere perrexit : « En patriarchae et pro-   30
phetae veniunt, en apostoli et archiepiscopi, en archimandritae
veniunt cum sanctis omnibus.» — 185. Dixit etiam : « Mi
pater apa Pšoi, mi pater apa Antoni, mi pater apa Pachomi,
manum meam apprehendite ut surgam ad adorandum eum
quem anima mea dilexit; ecce enim ad me venit cum angelis   35
suis.» — 186. Repente gravis odor ortus est; tunc spiritum
in manus Dei tradidit illo die septimo epiphi.

187. Et ecce soni in monasterio editi sunt : voces audivimus

iucundas supra corpus eius sanctum canentes et alternis choris proferentes hymnos et psalmos et cantica spiritalia[1]. —
188. In hunc modum dicebant : « Pax tibi, o Sinuthi, tuaeque cum Deo consociationi; hodie caelicolae tecum gaudent. O tu, qui diabolum in nullo tuo monasterio apparere passus es, pax tibi! O Sinuthi, sodalis Dei et Christi amicus et omnium sanctorum frater, tecum gaudemus * omnes. O tu, qui aedifi- * p. 76 cationem absolvisti et fidem servasti et coronam splendidam accepisti[2], ecce portae caelorum tibi patefactae sunt ut per eas introeas laetabundus[3]. »

189. His autem auditis properavimus corpus eius sanctum contegere, et in arca ornata (?) depositum sepelivimus. Consedimus plorantes et animo afflicti de eo quod doctorem magnum ac praeclarum amiseramus.

190. Et ita Deo honorem tribuimus et gratias egimus Domino nostro et Deo regi Salvatori nostro Iesu Christo, cuius est gloria una cum Patre eius bono et Spiritu sancto vivificatori, nunc et semper et in saecula saeculorum omnium. Amen.

---

1 Cfr *Eph.*, v, 19; *Col.*, III, 16. — 2 Cfr 2 *Tim.*, IV, 7. — 3 Cfr *Ps.* XXIII, 7, 9.

FRAGMENTA

I. Fragmentum synaxarii

* p. 77 * Ex quo biberat (?)...... ambulans. Dixit ei Pigimi : « Sume tibi hoc vas et aqua de fluvio orientali imple. » Ille autem vas sumpsit et aqua implevit. Cum ascendisset, senem invenit stantem Deoque supplicantem. Ubi in cellam introivit, ollam invenit depositam et coctura ebullientem. Tunc abbas Sinuthius praesensit : Hic est abbas Pigimi, is cuius cathedra et corona mihi monstratae sunt. Una simul precati, paulum cocti comederunt et recubuerunt. Media vero nocte surrexerunt, synaxim simul habuerunt et totam noctem transegerunt Deum laudando et cantica spiritalia cantando. Postea abbas Sinuthius......; exierunt, in campo incesserunt.... Hoc modo Deus electionem abbatis Sinuthii voluit patefieri abbati Pigimi. Accidit, cum simul ambularent, ut in cadaver ibi sepultum inciderent. Plurima enim corpora antiquae gentis ibi condita sunt.
* p. 78 * Abbas autem Sinuthius incedebat...... in manu sua super calvariam cadaveris. Abbas autem Sinuthius ter percussit... calvariam. Subito vir mortuus...... aperuit et cum abbate Sinuthio et abbate Pigimi in hunc modum locutus est : « Salvete, salvete, adoratores... Christi et famuli Dei celsissimi! Magna gratia me contingit in morte, quod............ Ecce enim iam inde abhinc......

II. Historia Sisinnii spadonis

Fragmentum A.

Respondit : « Vir quidam, inquit, ad me venit, qui dux exercitus fortissimus erat, et quem alius praefectus comitabatur teterrimus specieque terribilis, adeo ut si eius intuearis vultum, animo deficiaris. Dentibus in me stridebat ita ut dicerem : « Corpus meum vult devorare. » Facies autem et caput eius asini similia erant; corpus vero et manus et pedes eius similia erant hominis. Dux autem exercitus ipse mihi animi vires dedit : « Noli timere, inquit, Dominus misericor-
* p. 79 dem et benignum in te se ostendet. » * Ambulantibus iis mecum

fatigatus sum; venimus ad flumen ignis ardentis magnum.
Ego vero, ubi ad magnum illud flumen igneum venimus,
vehementi timore perterritus ducem exercitus amplexus sum :
« Adiuva me, inquam, domine dux, et ex hoc flumine igneo
5 eripe me! iam servus tuus ero.» Dux vero exercitus me ab
aspectu illo horribili detimuit, et ego illis inter se colloquenti-
bus animo relictus sum. Advenit aliquis, qui in sinu volumen
gestabat et praefecto illi horrendo dixit : « Hoc non est tuum;
sed duci exercitus et duodecim Christi apostolis datur.» Et
10 continuo volumen explicuit et nomen meum Sisinnii spadonis
scriptum invenit. Dono eum dedi amicis meis sodalibus, i.e.
discipulis meis, et Theodoro duci excercitus». Nec ita praefectus me dimisit. Ille igitur qui in sinu volumen gestabat,
ubi praefectum non recessisse neque me dimittere cognovit,
15 magna voce clamavit; tamen non intellexi quid sermone suo
diceret. Subito ecce senex episcopus aderat manu dextera claves
tenens, quem alii undecim com[itabantur....

Fragmentum B.

Rex Sisinnium spadonem arcessivit et in principatum con-
20 ditionemque[1] pristinam restituit. Nos vero ipsi in sanctuario
sancti Theodori consedimus nuntium regis expectantes quid
* nobis et episcopis praecepturus esset. Quindecim autem die-   * p. 80
bus post Sisinnius decubuit exitiali suo morbo aegrotus. Sanctuarium autem sancti Theodori ingressus procubuit Deum
25 sanctumque Theodorum deprecans, ut quando eum conven-
turus esset, sui misereretur. Spado autem ad me misit : « Da
mihi hanc veniam ut ad me venias et me invisas; etenim hodie
aegroto.» Ego vero ad eum advolavi una cum sancto apa
Victore et apa Sinuthio. Sedentibus nobis dixit : « Mementote
30 mei, o patres mei sancti, ut Dominus, quando coram eo sistam,
animae meae miserae misericordiam tribuat.» Nos autem solatium ei praebuimus his verbis : « Misericors est Deus, dabit
tibi mercedem tuam.» Ipse vero nobis dixit : « Precamini
pro me, patres mei sancti, ut Dominus indicium salutis animae
35 meae miserae vobis patefaciat, ad quid bona mea destinanda

---

1 Lege ⲙⲉⲙⲡⲉϥⲣⲏϯ ⲟⲛ.

sint, vel cuinam ecclesiae tradenda.» Ego vero ei dixi : « Mi
fili, roga illum sanctum, qui prius ad te venerat; rursus ad
te veniet, et quid tibi prosit tibi indicabit... »

III. Fragmentum incertum

* p. 81   * [*Quoniam nimis laceratum est, verti non potest*]   5

IV. Carmen

* p. 82   * Pars est Carminis IV cuius textum ad fidem plurium codicum (et
nostri) a I. LEIPOLDT editum (CSCO 42 / Copt.2,   p. 235, *19*-236, *12*)
olim iam ipsi reddidimus (CSCO 96 / Copt.8, p. 139, *24*-140, *5*) sequentibus
verbis :   10

[rogante]
Sinuthio, Christi sacerdote.

Iesus Christus, Dei Filius,
Iustum elegit et sanctum
Patrem nostrum, abbatem Sinuthium,   15
Decus monachorum.

Constantinus, Christi amator,
Gloriam vidit monachorum
Maxime et praecipue iusti
Sinuthii presbyteri.   20

Dicite gloriam, o ascetae
Et patres nostri monachi
Die festo archimandritae
Sancti Sinuthii.

Da mihi, Domine partem...   25

V. Carmen

Cantus Sinuthii	Carmen sancti patris Sinuthii
Pater meus Sinuthius nun-quam risit,	O pater mi Sinuthi, non valde [1] ridebas

Hodie te video ridentem   At hodie te video ridentem
Rogo te, mi pater,   Ut hoc mihi explices myste-
Doce me hoc mysterium   rium
                                  Rogo te,

          Paralexis   Paralexis

Ecce voluit [....   Ecce is [....

1 Vel : nunquam [Bundesmann].

INDICES IN TEXTUM COPTICUM

(CSCO, 41 / Copt. 1)

INDEX PERSONARUM

ⲀⲚⲦⲰⲚⲒⲞⲤ 35, *12, 14*; 75, *14*

ⲀⲢⲔⲀⲆⲒⲞⲤ 32, *28*

ⲂⲀⲠⲦⲒⲤⲦⲎⲤ 55, *5*

ⲂⲎⲤⲀ 7, *4, 12*; 19, *8*; 20 *1*; 25, *8*; 50, *13*; 72, *10*; 73, *13*

ⲂⲒⲔⲦⲰⲢ (*archim. Pbou*) 16, *1, 10*; 17, *26*; 80, *9*

ⲄⲈⲤⲒⲞⲤ 57, *9*. — ⲔⲈⲤⲒⲞⲤ 43, *12*

ⲆⲀⲚⲒⲎⲖ (*proph.*) 39, *16*

ⲆⲀⲨⲒⲆ 45, *16*; 46, *9*; 66, *12*

ⲈⲖⲒⲤⲤⲈⲞⲤ 55, *5*

ⲈⲨⲆⲞⲜⲒⲞⲤ 30, *8*; 33, *12*

ⲎⲖⲒⲀⲤ (*proph.*) 11, *12*; 12, *26*; 55, *5*

ⲎⲖⲒⲀⲤ ⲚⲂⲈⲢⲒ (= *Sinuthius*) 16, *24*

ⲐⲈⲞⲆⲞⲤⲒⲞⲤ (*imper.*) 29, *22*; 33, *10, 11*; 37, *13*

ⲐⲈⲞⲆⲰⲢⲞⲤ (*stratel.*) 80, *5*. — ⲐⲈⲞⲆⲞⲢⲞⲤ 79, *15, 26*

ⲒⲈⲌⲈⲔⲒⲎⲖ 47, *5, 7, 10, 20, 28*

ⲒⲈⲢⲈⲘⲒⲀⲤ 46, *15, 18, 19*; 47, *1*

ⲒⲈⲤⲤⲈ 45, *16*

Ⲓ̅Ⲏ̅Ⲥ̅ (ⲒⲎⲤⲞⲨⲤ) 11, *12*; 16, *16*; 18, *5*; 19, *13*; 21, *9, 26*; 32, *8, 26*; 34, *27*; 35, *20*; 54, *3*; 55, *27*; 62, *2*; 65, *24*; 67, *1, 7*; 75, *12*; 82, *2*

Ⲓ̅Ⲥ̅Ⲗ̅ (ⲒⲤⲢⲀⲎⲖ) 12, *27*

ⲒⲀⲔⲰⲂ 66, *27*

ⲒⲰⲀⲚⲚⲎⲤ (*Bapt.*) 55, *4*

ⲒⲰⲀⲚⲚⲎⲤ (*reclus.*) 55, *13*

ⲒⲰⲀⲚⲚⲎⲤ (*monach.*) 37, *17, 26, 28*; 38, *1*

ⲒⲰⲤⲎⲪ (*monach.*) 56, *14, 21, 28*; 57, *3*

ⲔⲞⲤⲦⲀⲚⲆⲨⲚⲞⲤ 82, *6*

ⲔⲨⲢⲒⲖⲖⲞⲤ (*archiep.*) 15, *28*; 16, *9, 21*; 17, *13, 18, 26*; 58, *2*; 59, *3*

ⲘⲀⲖⲀⲬⲒⲀⲤ 47, *23, 27, 30*

ⲘⲀⲢⲒⲀ (B.V.M.) 65, *17*

ⲘⲀⲢⲦⲨⲢⲒⲞⲤ 37, *11, 17*; 38, *9*; 45, *24, 28*; 46, *3, 10*. — ⲘⲀⲢⲦⲨⲢⲒ 37, *29*

ⲘⲰⲨⲤⲎⲤ (*proph.*) 73, *6*

ⲚⲈⲤⲦⲞⲢⲒⲞⲤ (*heret.*) 16, *1*; 58, *1, 7, 12, 15, 18*

ⲞⲚⲚⲞⲨⲢⲒⲞⲤ (*Honorius*) 33, *1*

ⲠⲀⲨⲖⲞⲤ (*apost.*) 61, *18*

ⲠⲀⳘⲰⲘ 75, *15*

ⲠⲈⲦⲢⲞⲤ (*apost.*) 36, *18*

ⲠⲒⲬⲒⲘⲒ 77, *8, 18*; 78, *6*

ⲠⳋⲞⲒ 11, *26, 29*; 12, *3* (*bis*), *5, 7, 14*; 75, *14*

ⲠⲬⲰⲖ 10, *1, 3, 6, 9, 11, 15*; *24, 26*; 11, *2, 5, 7, 9, 19*; *24*; . *29*; 12, *3, 5, 7, 10, 11, 14*

ⲤⲒⲤⲒⲚⲒⲞⲤ 79, *24*; 80, *2*. — ⲤⲨⲤⲒⲚⲒⲞⲤ 79, *14*

Ⲭ̅Ⲥ̅ (ⲬⲢⲒⲤⲦⲞⲤ) 13, *2, 12*; 14, *8*; 16, *16*; 18, *5*; 19, *13*; 21, *9*; 32, *8, 26*; 34, *27*; 43, *13*; 54, *3*; 55, *27*; 61, *19*; 62, *2*; 67, *7*; 74, *20, 24*; 75, *29*; 76, *12*; 78, *7*; 79, *12*; 82, *2, 6*

ⳁⲞⳁ 63, *22, 27*; 64, *10, 18, 27*; 65, *1, 2, 11, 12, 18, 24*

ⳉⲈⲚⲞⲨⳁ 7, *3, 11, 13, 20*; 8, *2, 11, 20, 26, 28*; *et passim*

INDEX LOCORUM

INDEX VERBORUM GRAECORUM

βίος **ΒΙΟC** 12, *25*; 13, *13*; 54, *2*;
72, *17*
βλασφημεῖν **ΒΛΑCΦΗΜΙΝ** 43, *13*
βοήθεια **ΒΟΗΘΙΑ** 51, *5*
βοηθεῖν **ΒΟΗΘΙΝ** 25, *21*
βοηθός **ΒΟΗΘΟC** 66, *27*

γάρ **ΓΑΡ** 7, *18*, *24*; 8, *1*; 9, *9*;
11 *1*, *11*, *13*; 13, *16*, *19*; 16,
12, *27*; 23, *19*; 30, *2*; 37, *19*;
38, *26*; 39, *14*; 41, *16*; 54, *17*,
28; 57, *3*; 62, *1*; 64, *5*; 66, *15*,
17, *23*; 78, *9*
γενεά **ΓΕΝΕΑ** 35, *12*; 72, *11*
γραφή **ΓΡΑΦΗ** 13, *3*

δαίμων **ΔΕΜΩΝ** 10, *18*; 37, *2*;
59, *2*, *13*; 68, *3*
δανειστής **ΔΑΝΙCΤΗC** 7, *24*; 22,
19
δέ **ΔΕ** 7, *7*; 8, *8*, 10, *14*; 9, *4*,
11, *14*, *17*, *22*, *29* etc.
δευτεράριος **ΔΕΥΤΟΛΑΡΙΟC** 56,
12, *14*
δημιουργός **ΔΗΜΙΟΥΡΓΟC** 18, *10*
διάβολος **ΔΙΑΒΟΛΟC** 18, *27*; 21,
18; 23, *22*; 35, *1*; 37, *1*, *4*;
75, *27*
διαθήκη **ΔΙΑΘΗΚΗ** 36, *18*; 48,
29
διακονεῖν **ΔΙΑΚΟΝΙΝ** 39, *13*, *19*
διακονιτής **ΔΙΑΚΟΝΙΤΗC** 35, *29*;
36, *2*, *4*, *7*, *8*, *10*
δίκαιον **ΔΥΚΕΟΝ** 58, *13*
δίκαιος **ΔΙΚΕΟC** 15, *13*; 43, *14*;
52, *10*. — **ΔΥΚΕΟC** 8, *10*; 11,
14; 16, *3*; 17, *7*; 23, *14*; 35,
13; 52, *22*; 59, *16*; 65, *23*;
73, *5*; 82, *3*, *8*
δικαιοσύνη **ΔΙΚΕΟCΥΝΗ** 72, *27*
δοκιμάζειν **ΔΟΚΙΜΑΖΙΝ** 22, *29*;
71, *8*
δοκιμή **ΔΟΚΙΜΗ** 71, *8*
δούξ **ΔΟΥΖ** 15, *15*, 20, 21, *25*;
30, *9*, *11*; 31, *15*; 50, *10*, *17*,

20; 51, *4*, *13* (bis) *17*, *20*; 52,
5, *8*
δωρεά **ΔΩΡΕΑ** 55, *2*

ἑβδομάς **ZΕΒΔΟΜΑC** 24, *16*, *19*;
50, *11*, *20*; 51, *3*. — **ZΕΒΤΟ-
ΜΑC** 10, *28*. — **ΕΠΔΟΜΑC**
50, *7*
ἐγκακεῖν **ΕΝΚΑΚΙΝ** 50, *26*
ἔγκλειστος **ΕΝΚΛΗCΤΟC** 55, *14*
ἔθνος **ΕΘΝΟC** 44, *6*; 77, *20*
εἶδος **ΙΛΟC** 15, *6*; 24, *28*; 27, *5*
εἴδωλον **ΙΔΩΛΟΝ** 41, *3*, *23*; 57,
8, *16*; 66, *17*
εἰρήνη **ZΙΡΗΝΗ** 7, *8*; 23, *9*; 31,
9; 33, *9*, *22*; 36, *26*; 44, *18*;
62, *4*; 65, *21*; 72, *26*; 75, *24*,
28
εἴτε ... εἴτε **ΙΤΕ** ... **ΙΤΕ** 56, *4*; 72,
24; 74, *25*
ἐκκλησία **ΕΚΚΛΗCΙΑ** 11, *17*; 21,
8, *10*, *19*; 22, *2*; 44, *23*; 45, *2*,
17, *28*; 49, *13*, *20*; 58, *3*; 61,
24; 62, *11*, *16*, *18*; 64, *25*, *26*;
65, *4*; 69, *1*, *20*. — **ΕΚΛΗCΙΑ**
80, *17*
ἐλάχιστος **ΕΛΑΧΙCΤΟC** 50, *13*
ἕλλην (paganus) **ZΕΛΗΝΟC** 40,
10, *27*; 41, *4*, *20*; 42, *4*; 43,
11; 57, *14*
ἐλπίς **ZΕΛΠΙC** 43, *9*; 48, *27*; 66,
28. — **(ΕΡ)ZΕΛΠΙC** 48, *18*;
49, *4*
ἐνέργεια **ΕΝΕΡΓΙΑ** 21, *18*
ἐνεργεῖν **ΕΝΕΡΓΙΝ** 7, *17*
ἐντολή **ΕΝΤΟΛΗ** 13, *3*; 52, *20*;
53, *2*; 61, *21*; 74, *12*, *14*. —
ΝΤΟΛΗ 33, *3*
ἐξάπινα **ΕΞΑΠΙΝΑ** 39, *2*
ἐξάρτιον (?) **ΖΕΡΤΟΝ** 31, *16*
ἐξήγησις **ΕΞΗΓΗCΙC** 13, *6*
ἐξουσία **ΕΞΟΥCΙΑ** 40, *26*; 75, *6*;
78, *11*; 79, *10*, *16*, *17*
ἐπειδή **ΕΠΙΔΗ** 43, *9*; 61, *19*. —
ΕΠΙΤΗ 11, *1*

κυριακή **ΚΥΡΙΑΚΗ** 24, *17*; 49, *21*
κύριε **ΚΥΡΙ** 79, *4*
κωλύειν **ΚΩΛΙΝ** 30, *27*; 60, *9*
κωμαρίτης **ΚΩΜΑΡΙΤΗC** 64, *19*, *27*

λάγιον **ΛΑΚΟΝ** 77, *4*
λακάνη **ΛΑΚΑΝΗ** 65, *17*; 69, *1*
λάκκος **ΛΑΚΚΟC** 39, *17*
λαλεῖν **ΛΑΛΙ** 82, *10*
λαμπάς **ΛΑΜΠΑC** 9, *21*; 64, *29*
λαξός (?) **ΛΕΞΟC** 22, *1*
λαός **ΛΑΟC** 46, *5*; 66, *18*
λεβητονάριον **ΛΕΒΙΤΟΥ** 49, *21*
λέξις **ΛΕΞΙC** 45, *5*; 46, *10*
λόγος **ΛΟΓΟC** 13, *7*; 74, *11*
λόγχη **ΛΟΓΧΗ** 44, *2*
λοιπόν **ΛΟΙΠΟΝ** 8, *25*; 17, *12*;
    21, *21*; 25, *19*: 38, *5*, *20*; 46,
    16; 50, *8*, *20*; 51, *7*; 52, *14*;
    53, *22*; 54, *8*; 71, *28*; 73, *13*
λύπη **ΛΥΠΗ** 52, *7*
λῶρος **ΛΩΡΟC** 15, *2*

μαθητής **ΜΑΘΗΤΗC** 7, *5*, *12*;
    16, *15*, *19*, *23*; 19, *8*; 25, *8*;
    72, *10*; 73, *13*; 79, *15*. —
    ΜΑΘΙΤΗC 34, *26*; 50, *14*
μακάριος **ΜΑΚΑΡΙΟC** 7, *10*; 35, *12*
μάλιστα **ΜΑΛΙCΤΑ** 82, *8*
μάρτυρος **ΜΑΡΤΥΡΟC** 55, *17*, *20*;
    57, *2*
μελετᾶν **ΜΕΛΕΤΑΝ** 45, *2*; 46,
    17, *20*; 47, *2*, *6*, *8*, *13*, *16*;
    17, *26*; 54, *17*
μελέτη **ΜΕΛΕΤΗ** 13, *3*; 45, *1*, *6*,
    9, *10*, *15*, *17*; 47, *14*, *19*
μέλος **ΜΕΛΟC** 79, *14*
μέν **ΜΕΝ** 32, *18*
μέρος **ΜΕΡΟC** 26, *29*; 71, *11*. —
    ΜΕΛ[ΟC 82, *14*. Voir ἀπὸ
    μέρους
μετανοεῖν **ΜΕΤΑΝΟΙΝ** 23, *27*;
    48, *13*; 53, *18*
μετάνοια **ΜΕΤΑΝΟΙΑ** 13,·*16*; 23,

29; 48, *13*, *27*; 53, *22*
μή **ΜΗ** 25, *9*; 51, *2*, *25*; 64, *12*;
    65, *8*
μήπως **ΜΗΠΩC**
μίλιον **ΜΥΛΛΙΟΝ** 10, *3*; 24, *11*;
    55,*25*
μόγις **ΜΟΓΙC** 39, *14*; 50, *28*
μοναστήριον **ΜΟΝΑCΤΗΡΙΟΝ** 11,
    16; 14, *3*; 16, *6*, *17*, *26*; 17,
    15, *21*; 18, *2*, *26*; 28, *4*, *20*;
    30, *21*; 31, *4*; 32, *13*, *17*; 33,
    23, *25*, *26*; 35, *22*; 37, *1*, *14*,
    22, *24*; 39, *6*, *15*; 42, *7*, *26*,
    27; 44, *17*; 48, *9*; 49, *17*; 50,
    16, *25*; 51, *5*; 52, *11*; 54, *10*;
    56, *8*, *11*; 57, *23*; 59, *10*; 60
    16; 72, *28*; 74, *18*; 75, *20*, *27*
μοναχός **ΜΟΝΑΧΟC** 22, *23*, *31*;
    24, *7*, *9*, *20*; 30, *21*; 32, *3*, *6*;
    33, *14*; 34, *21*; 35, *9*, *11*, *13*;
    37, *16*; 39, *7*; 49, *5*; 54, *11*,
    20; 57, *10*; 58, *22*; 59, *11*; 63,
    21; 72, *24*; 82, *11*. — **ΜΟΥ-**
    ΝΑΧΟC 11, *21*; 13, *8*. —
    ΜΩΝΑΧΟC 82, *7*. — **ΜΩΝΑ-**
    ΧΩC 82, *5*. — (**ΜΕΤ)ΜΟΝΑ-**
    ΧΟC 13, *14*
μονή **ΜΟΝΗ** 21, *11*, *20*, *25*; 22,
    15; 23 *6*; 24, *11*; 25, *7*; 27,
    12; 50. *10*; 70, *9*, *25*; 71,
    11, *23*: 73, *28*
μονογενής **ΜΟΝΟΓΕΝΗC** 58, *26*
μορφή **ΜΟΡΦΗ** 78, *13*
μυστήριον **ΜΥCΤΗΡΙΟΝ** 19, *14*;
    33, *18*; 34, *14*; 45, *12*; 49,
    31; 50. *2*; 68, *20*. — **ΜΥC-**
    ΘΗΡΙΟΝ 82, *19*

νηστεία **ΝΗCΤΙΑ** 12 *20*; 74, *22*
νήφειν **ΝΗΦΙΝ** 67, *9*. — **ΝΙΦΙΝ**
    51, *24*
νόμος **ΝΟΜΟC** 74, *12*
νοτάριος **ΝΟΤΑΡΙΟC** 37, *16*, *28*;
    56, *14*

ξέστης ΖΕCΤΗC 39, 8

οἰκονόμος ΟΙΚΟΝΟΜΟC 63, 2
ὅλως ΖΟΛWC 50, 20; 58, 20;
69, 3
ὁμοίως ΟΜΟΙWC 43, 3; 44, 5
ὁμολογεῖν ΟΜΟΛΟΓΙΝ 49, 1
ὄντως ΟΝΤWC 26, 8; 28, 11
ὅπως ΖΟΠWC 24, 25; 48, 3
ὅραμα ΖΟΡΑΜΑ 62, 7, 15; 64, 24
ὀρφανός ΟΡΦΑΝΟC 74, 7
ὅσον ΖΟCΟΝ 16, 17; 17, 21
Voir ἐφ'ὅσον
οὐδέ ΟΥΔΕ 54, 13; 58, 21, 22;
66, 24; 72, 1
οὐκοῦν ΟΥΚΟΥΝ 31, 13; 66, 11
οὐλίριον (?) (velarium) ΟΥΛΑ-
ΡΙΟΝ 59, 5
οὖν ΟΥΝ 13, 25; 14, 11; 22, 6;
23, 12; 24, 4; 30, 1; 38, 20;
47, 21: 51, 9; 54, 16; 72, 5

παλάτιον ΠΑΛΑΤΙΟΝ 38, 17; 40,
1. — ΠΑΛΛΑΤΟΝ 16, 4, 29;
31, 23; 32, 24
πάλιν ΠΑΛΙΝ 36, 3; 43, 4; 62, 5
πανουργία (ΜΕΤ)ΠΑΝΟΥΡΓΙΑ
43, 14
πάντως ΠΑΝΤWs 19, 27; 21, 17;
29, 18; 63, 6
παρά ΠΑΡΑ- 20, 2; 22, 14; 29,
23; 46, 2
παράδοξον ΠΑΡΑΔΟΖΟΝ 8, 5
παρακαλεῖν ΠΑΡΑΚΕΛΙΝ 82, 18
παράλεξις ΠΑΡΑΖ 82, 20
παραμυθία ΠΑΡΑΜΗΘΙΑ 35, 6
παραχωρεῖν ΠΑΡΑΧWΡΙΝ 30,
25; 31, 8
παρθένος ΠΑΡΘΕΝΟC 65, 16;
72, 8
παρουσία ΠΑΡΡΗCΙΑ 30, 1; 38,
15
παρρησία ΠΑΡΡΗCΙΑ 45, 13. —
ΠΑΡΗCΙΑ 39, 15
πάσχα ΠΑCΧΑ 13, 21

πατριάρχης ΠΑΤΡΙΑΡΧΗC 73, 3;
75, 11
πέλαγος ΠΕΛΑΓΟC 7, 22; 16, 20
πέτρα ΠΕΤΡΑ 18, 4, 19; 24, 12;
25, 1
πιστεύειν ΠΙCΤΕΥΙΝ 46, 27; 52,
19; 53, 1; 57, 5
πλάνη ΠΛΑΝΗ 58, 25
πλατεῖα ΠΛΑΤΙΑ 40, 18
πλήττειν ΠΛΗΓΗ (verb.) 25, 13
πλήν ΠΛΗΝ 22, 11; 57, 2; 64,
2, 4; 65, 9; 71, 16
πληροφορεῖν ΠΛΗΡΟΦΟΡΙΝ 32,
11
πνεῦμα ΠΝᾹ 10, 15, 16, 18, 22;
17, 11; 32, 10; 38, 29; 46,
11, 15; 66, 25; 75, 18; 76, 13
πνευματικόν ΠΝᾹΤΙΚΟΝ 75, 23;
77, 13
πνευματοφόρος ΠΝᾹΤΟΦΟΡΟC
29, 12
πολεμεῖν ΠΟΛΕΜΙΝ 51, 15; 60,
15, 19; 61, 2
πόλις ΠΟΛΙC 8, 9; 10, 5; 14, 11;
15, 15, 18; 16, 2; 17, 13; 27,
4, 20; 28, 3; 29, 27; 30, 10,
18; 31, 22; 32, 24, 27; 35, 8,
16, 21; 38, 15, 17; 40, 9, 18,
21; 42, 3; 43, 23; 56, 26; 57,
8, 13; 68, 1
πολιτεία ΠΟΛΗΤΙΑ 8, 4; 72, 6.
— ΠΟΛΕΤΙΑ 13, 15
πολιτευτής ΠΟΛΙΤΕΥΤΗC 54, 5
πονηρόν ΠΟΝΗΡΟΝ 10, 19
πόρνη ΠΟΡΝΗ 29, 4
πραγματεία ΠΡΑΓΜΑΤΙΑ 27, 24
πραγματευτής ΠΡΑΓΜΑΤΕΥΤΗC
25, 18; 26, 1, 6, 16, 28; 27,
1, 8, 14, 24, 27; 28, 18, 24;
29; 29, 8
πραῖδα (praeda) ΦΡΕΤΑ 44, 14
πρεσβύτερος ΠΡΕCΒΥΤΕΡΟC 7,
3; 33, 14; 72, 8; 82, 9
προαίρεσις ΠΡΟΖΕΡΕCΙC 71, 9,
12

2; 69, *12*; 70, *10, 18*; 73, *26*;
75, *18*; 77, *7*
τράπεζα **ΤΡΑΠΕΖΑ** 27, *11, 15,*
20, 22, 26; 28, *4, 6, 23, 25*;
˙39, *5*
tremissis **ΘΕΡΜΗϹΙ** 13, *8*
τριάς **ΤΡΙΑϹ** 30, *6*
τροφή **ΤΡΟΦΗ** 12, *23*; 13, *22*;
66, *11*; 74, *8*
τύπος **ΤΥΠΟϹ** 29, *21*

ὕμνος **ϨΥΜΝΟϹ** 61, *21*; 75, *22*
ὑπηρέτης **ϨΥΠΕΡΕΤΗϹ** 41, *13,*
14, 17, 21
ὑπομένειν **ϨΥΠΟΜΕΝΙΝ** 23, *29*
ὑπομονή **ϨΥΠΟΜΟΝΗ** 60, *12*

φαντασία **ΦΑΝΤΑϹΙΑ** 58, *8*
φαρμακεία **ΦΑΡΜΑΓΙΑ** 41, *6, 10,*
12
φορεῖν **ΦΟΡΙΝ** 13, *2*; 22, *14*; 24,
6; 44, *23*; 49, *5*
φωνή **ΦΩΝΗ** 15, *16*

χαῖρε **ΧΕΡΕ** 78, *6* (*bis*)
χαρίζεσθαι **ΧΑΡΙΖΕϹΘΕ** 30, *4*;
45, *17*; 71, *2*; 73, *5*; 74, *11*
χορός **ΧΟΡΟϹ** 75, *11*. — **ΧΩΡΟϹ**
46, *7*; 75, *24* (*bis*)

χρεία 22, *3*; 24, *19*; 31, *3*; 33,
6; 39, *6, 9, 14*; 43, *1*; 56, *11*;
63, *28*; 64, *3, 17*; 70, *22*
χρέος **ΧΡΕΟϹ** 7, *24*
χρεωστεῖν **ΧΡΕΩϹΤΙΝ** 7, *24*
χρῆμα **ΧΡΗΜΑ** 71, *29*
χριστιανός **ΧΡΗϹΤΙΑΝΟϹ** 23, *19*
χώρα **ΧΩΡΑ** 11, *15*; 23, *11*; 25,
10
χωρίς **ΧΩΡΙϹ** 57, *21*

ψάλλειν **ϮΑΛΙΝ** 46, *1, 5, 7*; 77,
13
ψαλμός **ϮΑΛΜΟϹ** 75, *23*
ψαλμῳδός **ϮΑΛΜΩΤΟϹ** 66, *12*
ψάλτης **ϮΑΛΤΗϹ** 42, *27*; 45, *27*;
46, *1, 4*
ψυχή **ϮΥΧΗ** 10, *6*; 13, *9*; 60, *7*;
66, *17, 18*; 73, *23*; 74, *4*; 75,
16; 80, *11, 16*

ᾠδή **ϨΩΔΗ** 75, *23*; 77, *13*
ὡς **ϨΩϹ** 40, *12, 14, 18*; 47, *23*;
48, *8*; 50, *21*; 51, *10* (*bis*);
56, *19*; 60, *25*
ὥστε **ϨΩϹΤΕ** 13, *25*; 72, *13*. —
ϨΩϹΛΕ 13, *3, 23*; 29, *14*; 40,
24; 70, *22*; 78, *13, 15*

INDICES IN VERSIONEM

INDEX BIBLICUS

INDEX PERSONARUM

INDEX LOCORUM

INDEX HUIUS TOMI